云南省首批人才工作示范备案项目
乡村CEO人才培养基地系列教材

乡村企业财务管理

李宇卫　张　权　总策划

张　权　关　优　潘兴蔚　主编

中国农业科学技术出版社

图书在版编目（CIP）数据

乡村企业财务管理 / 张权，关优，潘兴蔚主编 . --北京：中国农业科学技术出版社，2025. 3. -- ISBN 978-7-5116-7332-9

Ⅰ . F279. 243

中国国家版本馆 CIP 数据核字第 2025HF1899 号

责任编辑	费运巧　任玉晶
责任校对	马广洋
责任印制	姜义伟　王思文

出 版 者	中国农业科学技术出版社
	北京市中关村南大街 12 号　邮编：100081
电　　话	（010）82106641（编辑室）　（010）82106624（发行部）
	（010）82109709（读者服务部）
网　　址	https://castp.caas.cn
经 销 者	各地新华书店
印 刷 者	北京捷迅佳彩印刷有限公司
开　　本	185 mm×260 mm　1/16
印　　张	9.25
字　　数	187 千字
版　　次	2025 年 3 月第 1 版　2025 年 3 月第 1 次印刷
定　　价	38.00 元

━━━ 版权所有·侵权必究 ━━━

编者名单

总策划

李宇卫　张权

主　编

张　权　关　优　潘兴蔚

副主编

王　翀　杜　运　顾洪瑞

序 一

乡村振兴需要自己的职业经理人

我从20世纪90年代开始从事乡村发展实践方面的工作，从培训农民使用先进的农业生产技术开始，在黄淮海平原的乡村组织农民培训。当时中国乡村发展面临的巨大挑战是人地关系紧张，乡村劳动力就业严重不足，"隐性失业"是主要问题。随着工业化和城镇化的持续发展，乡村劳动力不断转移，首先是青壮年男性劳动力外出，从而产生了留守妇女、留守儿童和留守老人。逐渐地，乡村女性也开始大规模外出务工，同时国家在教育等公共服务上逐渐取消了城乡割裂的政策，乡村儿童也逐步都随父母进城上学。乡村人口逐渐减少，2023年，我国常住人口城市化率达到了66.16%，而户籍人口城镇化率为48.3%，两者相差17.86个百分点，也就意味着大约有2.5亿乡村户籍人口居住在城市和城镇，虽然乡村人口的外流在一定程度上缓解了人地矛盾，为我国农业适度规模化经营和农业现代化创造了条件，但也不可避免地带来乡村空心化以及乡村人口的老龄化，目前我国乡村人口中老年人占比达到了23.8%，远高于城市的15.8%。这些变化使乡村振兴面临着人才严重匮乏的挑战。

2015年开始，我的团队在云南省勐腊县河边村开展农文旅融合的乡村新业态培育工作。河边村位于西双版纳自然保护区边缘，村庄周围都是热带雨林，村内的建筑都属于干栏式风格，村庄保留着非常传统的瑶族文化习俗，气候宜人，脱贫攻坚期间，在政府的易地搬迁项目和危房改造项目的支持下，我在河边村开展深度贫困脱贫路径探索时，就希望将其优质的生态资源、气候资源、文化资源能够转化成文旅资源，因此在农村住房建设项目中，优化农户住房的结构和功能，每家每户都能够改造出至少一间可以用来招待游客的客房。2018年，河边村建设工作结束，村庄到主干公路的道路修通了，村内实现了硬化道路通到各家各户，农户的房前屋后种上了本地花草果木，村里有了干净卫生的公共厕所，无线网络也联通了，还建了一个会议室，具备了接待游客的功能。我的团队也开始在村里组织各种学术讨论会，也引导了一些教育机构来村中开展冬令营活动，从而吸引了一些游客来村子里旅游、度假、研学、举办会议等，为村庄带来生机和活力。在这个过程中，我发现最难的不是建设乡村，而是经营乡村。因为乡村里缺乏具有管理技能和经营能力的人，乡村的优质资源无法转化成发展资源。我在前些年接受一些媒体采访时，就明确指出"乡村里缺乏具有管理技能和经营能力的人。这不仅是河边村面临的问题，而是很多乡村都有的普遍问题。在过去多年的脱贫攻坚实践中，政策对乡村产业的支持力度非常大，但当利用政府的支持，把产业发展起来后，却要面对普遍性的人才匮乏的问题，谁来帮助乡村经营这些产业就成为摆在大家面前的一个难题。"

后来，我带领团队在云南省昆明市、昭通市、曲靖市、临沧市、怒江傈僳族自治州开展乡村振兴示范村建设工作，政府的行政力量、专业团队的技术力量以及村民的建设能力能够很快完成村庄的建设，一些村庄不到一年的时间就变了模样，成为当地的样板村和示范村，但是进入运营阶段后，都面临着运营管理人才匮乏的问题。在多年的乡村振兴一线工作中发现，因乡村缺乏就业机会和收入提升机会，乡村人才不断向城市流动，乡村的孩子从小就被教育长大后要走出乡村，进入城市工作。"城市中心主义"的经济观和价值观取向是造成乡村人才匮乏的重要因素。乡村几乎留不下人才，很多时候，乡村成为一个人才的荒漠，这是现代化过程中给乡村留下的问题之一。我们发现，大部分富裕的乡村都有一个致富带头人，这个人可能是村干部，也可能是农民企业家。但大多数贫穷的村庄中，都没有这样的人，而这些村庄的发展，的的确确需要这样的人。

在云南的乡村振兴实践中，我们开始尝试培养乡村运营人才，也就是乡村职业经理人，也称为乡村 CEO。一开始，我们在示范村面向全国招聘乡村职业经理人，报名的人很多，留下的人有很多还没有到试用期满就离开了，离开的原因并不是因为他们不愿意在乡村开展工作，而是他们中很多人发现运营乡村并不是一件容易的事情，这些人中不乏曾经在一些企业中已经做出一些成绩的，但到了乡村却出现了"水土不服"，不了解"三农"政策，不理解乡村社会结构和秩序，也难以设计出能够发挥乡村独特资源优势的产业；一些刚刚毕业的大学生虽然拥有一腔在乡村创业干事的热情，但是也因于没有相应的能力而打了退堂鼓……我们在示范村招聘的第一批乡村 CBO，最后只有一个人留下来。在这个过程中，我发现乡村运营人才是需要去培养的。

2021 年，中国农业大学国家乡村振兴研究院与腾讯公司可持续社会价值事业部联合发起的"中国农业大学—腾讯为村乡村 CEO 计划"应运而生，旨在通过为期一年的综合性系统培训，培养乡村职业经理人，对接都市动能，将城市圈的人流、资源和管理模式带到乡村，以公司运营的模式，打造会展经济、网红经济、打卡经济、周末经济和夜市经济，进而不断壮大村集体经济，从而探索解决欠发达地区乡村经营性人才匮乏问题的实践模式和路径，为乡村人才振兴提供经验和创新方案。通过创新的系统性的学习，计划通过一年综合性系统培训，全方位打造乡村经营管理的专业人才，该计划不仅包含了深入的理论学习，让学员们能够全面理解国家的乡村振兴战略和政策导向，还融合了实地考察和在岗实训环节，确保学员们能将所学知识与实践紧密结合，提升其解决实际乡村经营问题的能力。通过乡村CEO项目的实施，旨在培养出一批能够综合运用现代科技、管理知识和创新思维来解决乡村发展中遇到的各种问题的领导力量。目前，该项目已经完成了第一期和第二期的乡村CEO的培训，培养了150多名学员。这些学员经过系统学习，成长为具有一定的领导技能、综合运营技能、乡村创业技能的复合型乡村人才。他们已经成为乡村振兴中一支非常重要的新生力量，为乡村发展注入了新的活力。

乡村CEO人才的培养很快得到了很多地方政府的关注，并都向我们表达了培养人才的合作需求，我们的团队无法承担起日益增长的培训需求。于是，我们就开始思考如何让更多的机构参与这项工作。昭通学院、曲靖师范学院和云南农业大学成为我们第一批合作伙伴。我们通过和这三所地方院校的团队密切合作，并先后在昭通学院、曲靖师范学院建立了专门的乡村职业经理人培训机构，尤其是昭通学院成立了第一个"中国乡村CEO学院"。这种努力还得到了云南省委组织部的认可和支持，并将其列入省级人才示范项目。2022年至今，昭通学院完成了多批次的面向昭通和云南的乡村CEO培养计划，在计划执行过程中，该学院的师资不仅参与到理论教学中，还参与到CEO学员的实践指导中，在实践中他们不断总结，形成了当前乡村运营人才的最迫切的技能需求，并组织编写了《乡村CEO职业素养》《乡村CEO沟通实务》《乡村CEO法律实务》《乡村企业市场营销》《乡村企业库存管理》和《乡村企业财务管理》等应用性、实操性强的系列图书，为乡村CEO人才的培养提供了有效的理论参考。

是为序。

李小云

2024年11月

序二

为乡村经营播下一粒粒火种

近四年以来，我每年都有相当长的时间奔走在全国各地的乡村。在村里，和来自全国各地，甚至来自国际上的专家、学者、友人共同探讨腾讯助力乡村可持续发展的方法策略；在村里，了解年轻的乡村CEO、兴乡青年们参加培训、经营乡村的成效、方法，并给他们支招；在村里，与我的同事们、与当地的干部、与共创合作伙伴，共同讨论、推动共富乡村试点示范建设的探索实践。

这源于四年前，为落实"科技向善"的使命愿景，腾讯进行了第四次战略升级，将"推动可持续社会价值创新"纳入了公司的战略底座，并专门成立可持续社会价值事业部（SSV）进行助力重大社会议题解决的试点探索。我不但有幸参与这次战略升级的全过程，而且还负责了助力乡村发展的为村发展实验室。

说起"腾讯为村"，并不是这次战略升级才有的；说起助力乡村发展，更不是这次战略升级才有的。那需要回溯到23年前，2002年，处于初创期的腾讯，为广东清远的一所山区小学捐献了电脑，就此拉开了腾讯与乡村的缘分。从一开始向乡村捐款捐物，到后来派人挂职，再到近年来探索可持续、可复制的创新解决方案，我们深刻认识到"授人以渔"之于乡村的重要性。一个人就是一粒火种，一粒粒火种播下去，就是星星之火，可以燎原。从乡村人才培育的角度切入助力乡村发展，不仅关乎一个村庄的发展是否可以激发出内生动力，也关乎到好的数字工具是否可以真正发挥出作用，还关乎到社会共创如何更好地助力乡村振兴的可持续性。

在2021年成立SSV之前，我们在培养和服务乡村治理人才方面已经有了较为完善的经验，并一直运营着"腾讯为村数字公益平台"（即现在的"村级服务平台"），但对乡村经营及乡村经营性人才的培养还是认知有限。就是在这个时候，我们非常荣幸地结识了中国农业大学李小云教授及其团队。经过多次的交流和云南实地调研，我们的共识越来越接近，越来越有共同为乡村发展去探索和实践的欲望。于是，我们决定一起开展一场"浪漫的实践"。2022年1月，"中国农业大学－腾讯为村乡村CEO培养计划"（简称乡村CEO计划）第一期正式启动。在当地政府的支持下，我们在全国招收了50多名学员，经过一年的试验探索，形成了国内首套乡村CEO系统化培养方案，也验证了我们的设想。我们统计了其中31名学员所在经营主体的收入，从学员参加培训前的550万元增加到了培训后的3 700万元。

乡村CEO计划一期给了我们很大的信心。在一期试验的基础上，我们就考虑要在一些地区搞在地化的试点。在地化的试点，不仅仅是培养，还得有招聘，我们提出了"培－聘"结合的地方制度化探索。也就是在这个时候，昭通、曲靖、昆明成为了试点地区，在2023年举办的乡村CEO计划二期的110名学员里，有60多名来自这三个地区，许多是在当地政府主导下为村庄招聘的乡村CEO，而且每个地区单独成班；也就是在这个时候，昭通学院、曲靖师范学院、云南农业大学加入了乡村CEO的培养网络。昭通学院率先成立了国内第一个培养乡村CEO的专门学院——中国乡村CEO学院，李小云教授被聘为院长，我有幸被聘为合作院长。在经历了乡村CEO计划二期的随班学习和参与教学管理后，学院的教职员工不但掌握了乡村CEO的系统化培养体系，还结合自身实际创新和丰富了更多的培养方法。在2024年的培养工作中，李小云教授和我，还有中国农业大学和腾讯公司，除了给予智力和数字化赋能上的支持，没有再直接参与到教学管理等具体工作中。不仅是在昭通，曲靖和昆明也都获得了较为扎实的制度化成果：曲靖师范学院成立了专门的乡村CEO培养学院，昆明市委农村工作领导小组专门印发了《昆明市强村富民乡村CEO培育实施方案》。据云南乡村振兴微信公众号文章报道，在乡村CEO机制带动下，2023年，昆明市1 401个行政村村级集体经济总收入50.91亿元，村集体经营性收入34.9亿元，均列云南省第一位。"培－聘"结合的地方制度化，为乡村经营性人才在地化储备了养料，种下了更多的火种，也带动村集体经济焕发出新的活力。

乡村CEO生命力的迸发对激发乡村内生动力具有意义深远的创新价值，乡村CEO的招聘与培养也成为了各地推进乡村振兴的重要抓手。也就是在2023年，无论是在西部的云南、重庆、广西，还是在东部的浙江、广东，我们与越来越多的地方政府一起推动乡村经营性人才的培养，越来越多的村庄也聘上了乡村CEO。2024年，在农业农村部的指导下，中央农广校、中国农业大学、腾讯共同启动了面向全国的"万名乡村职业经理人培养计划"，首批选定在湖南、湖北、山东、陕西四省试点培训，将有更多的省出现乡村经营的火种。我们也注意到，除了我们直接参与的项目，越来越多的地方政府和社会力量也正在被催化、被感染，投入到了乡村CEO的培养中来，投入到乡村经营中来，乡村经营的生态正在蓬勃生长。截至2024年底，腾讯直接参与的乡村CEO培养项目，在各地政府的主导下覆盖到了17个省（自治区、直辖市）的309个县。

不仅在国内，乡村CEO培养的经验也正在成为中国减贫经验的组成部分，助力面向国际输出中国减贫经验、讲好中国减贫故事。2024年，作为中非合作论坛峰会的配套落地行动之一，中国农业大学、腾讯公司、坦桑尼亚姆祖比大学与乌干达马克雷雷大学商学院签署共建中非乡村青年创业促进研究院合作协议。作为研究院工作之一，"中国农业大学-腾讯为村非洲青年兴乡计划"在坦桑尼亚桑给巴尔和乌干达启动，首批20名非洲青年来到中国学习考察，作为火种将中国乡村经营的经验和案例带回非洲；中国农业大学和腾讯公司还共同发起了"乡村CEO英领计划"，首批15名中国乡村CEO赴日本学习，不仅是为了让乡村CEO拓展国际视野，更是为了持续引领探索乡村经营性人才培养的创新方案。

而从腾讯推动可持续社会价值创新的路径来看，我们不仅是提供了培训的部分资金支持；更为关键的是，腾讯的数字化链接能力正在为乡村CEO们链接知识、链接彼此、链接资源、链接市场带来了更多的可能。为了方便乡村CEO学习交流，我们上线了"共富乡村学堂"，目前注册用户超过了7万人，其中5万多人为培训项目的学员，人均学习时间达到了65分钟。学习平台大大降低了各地培训项目的成本、提高了培训效率、便捷了学员链接知识和链接彼此，从而激发内生动力和抱团发展。

我们看到，在数字化工具的加持下，不仅快速扩大了培训覆盖度，还让乡村CEO学员们带动村庄更加便捷地链接资源与市场。也就是说，那一粒粒火种正逐渐成为火苗，正在抱团发展，燃成一片、带动一片。乡村数字化经营作为特色培训模块广受学员们好评，特别是依托微信生态的视频号、微信小店等专项培训。例如，2024年12月至2025年3月开展的"乡村CEO秀云南"等直播实战培训，15场累计总场观达到42万人次；2024年12月至2025年2月开展的微信小店培训及实战活动，500名学员报名参加学习，开通近100个微信小店，上架1 000余款农产品，这些小店的总订单量达到48万多单。我经常会举乡村CEO计划一期学员黄金的例子，在学习过程中，他就联合班里的同学抱团发展，不但联合出资在成都和桂林成立了公司实体，还成立了"乡村CEO甄选"农产品电商服务平台，目前平台上就汇聚了全国乡村CEO学员所在110个村庄的600多款"土特产"，去年通过视频号直播、达人带货及微信小店等方式，实现了近160万元的营收。今年，他联合乡村CEO计划二期的几名学员，扎根在成都，正在探索多村抱团发展的乡村经营模式。还有一期学员廖志腾，在学习期间，就选择了和同样来自广西桂林龙胜的同学潘玉祥、潘德辉抱团发展，三人先共同在当地成立了自己的农文旅公司，通过微信视频号、微信小店、云认养小程序、云服务小程序等数字化工具逐渐从串起6村到串起15村，与超过20名乡村CEO人才抱团发展，创新当地"土特产"组合销售、农文旅业态线路化经营。而在重庆酉阳何家岩村，这个我们为了验证观察乡村 CEO 培养效果，探索总结出"机制+人才+数字化"内生型系统性共富乡村建设解决方案的第一个示范村，建设之初的 2021 年，村集体经济收入不到 100 万元，在乡村 CEO 团队与项目专班的共同努力下，村集体经济收入增加到 2022 年的 479 万元，2023 年攀升至 699 万元，2024 年突破了 700 万元。更为可喜的是，何家岩共富乡村模式已被当地政府主导复制到全县 50 个村。

为乡村经营播下一粒粒火种，任重道远，注定是一件难而正确、需抱有长期主义决心的事，需要更多培养机构具备专业的培养能力，需要各级政府及各类服务主体共同形成一个服务乡村 CEO 的生态圈。非常欣喜的是，云南昭通学院"中国乡村 CEO 学院"又快走、早走了一步，结合这两年的教学管理实践，组织编写了《乡村 CEO 职业素养》《乡村 CEO 沟通实务》《乡村 CEO 法律实务》《乡村企业市场营销》《乡村企业库存管理》和《乡村企业财务管理》等一套系列图书，相信这套丛书不仅对乡村 CEO 有极强的学习实操价值，并且对培训机构研究和借鉴乡村 CEO 培养具有很强的参考价值。

是为序。

2025 年 1 月于北京

前 言

为了进一步促进乡村振兴，解决乡村经营管理人才的紧缺问题，2019年人力资源社会保障部等部门正式把乡村CEO作为一种新的职业，旨在把经理人概念引入乡村，成为农业职业经理人或乡村运营师，从而帮助乡村提升经济活力和经营管理水平。作为强农惠农富农的重要职业角色，乡村CEO主要是服务于农村集体经济和乡村企业。为了帮助乡村CEO更好地盘活乡村资产和整合乡村资源，昭通学院中国乡村CEO学院在2024年7月举办的乡村CEO职业基础培训中开设了财务管理课程。

农村集体经济和乡村企业的整个运营过程均离不开资源整合和盘活资产，离不开融资、筹资和资金运营，因此乡村CEO在经营管理农村集体经济和乡村企业过程中均离不开财务管理，但鉴于市面上缺乏专门适用于乡村CEO的财务管理教材，根据昭通学院的安排，由昭通学院张权、关优、潘兴蔚组成课题组，共同编写了《乡村企业财务管理》一书，旨在提升乡村CEO的财务素养和技能。

教材编写开始前我们已大量阅读了前人的研究成果，充分吸收了相关编写经验和编写体例，但由于任务重、时间紧以及经验不足等原因，书中难免有错漏之处，在此恳请各位领导、专家、学员批评指正。同时，课题组在编写过程中始终紧密配合和高效沟通，编写过程中遇到的困难和困惑，都能随时得到凯里学院韦绪任教授的指导和茅台学院王振涛主任的协助，在此对他们的精心指导和辛勤劳动深表感谢。

乡村振兴是我国的国家战略，乡村现代化是国家现代化的重要组成部分。但我国乡村发展相对滞后，是实现国家现代化的短板，因而帮助乡村经济发展，特别是帮助乡村集体经济的发展和乡村企业的壮大，将是我们今后一段时期的重要使命，也是乡村CEO重点关注的领域。我们愿意与社会各界一起探索，共同奋斗，为乡村振兴和乡村现代化贡献自己的力量。

张权

2024年10月6日

目 录

项目一 认识乡村企业财务管理 1
  任务一 乡村企业的认知 1
  任务二 财务管理的认知 10
  项目小结 19

项目二 财务管理体制与环境 20
  任务一 财务管理体制的认知 21
  任务二 财务管理环境的认知 28
  项目小结 36

项目三 财务管理的价值观 38
  任务一 资金时间价值的认知 39
  任务二 风险与报酬的认知 49
  项目小结 53

项目四 筹资管理 54
  任务一 筹资管理的认知 55
  任务二 所有者权益筹资管理 58
  任务三 债务筹资管理 63
  项目小结 67

项目五 项目投资决策 68
  任务一 项目投资决策的认知 69
  任务二 现金流量 70
  任务三 项目投资决策评价指标 77
  项目小结 83

项目六 营运资金管理 84
  任务一 营运资金的认知 85
  任务二 现金管理 86

任务三　应收账款管理　　91
　　任务四　存货管理　　96
　　项目小结　　100

项目七　利润分配管理　　**101**
　　任务一　利润分配的认知　　102
　　任务二　利润分配理论　　106
　　任务三　利润分配政策　　111
　　项目小结　　114

项目八　财务预算与分析　　**116**
　　任务一　财务预算的认知与应用　　118
　　任务二　财务分析的认知与应用　　123
　　项目小结　　130

项目一　认识乡村企业财务管理

学习目标

了解乡村企业的概念、财务管理概念、目标的科学表述；
理解有限责任公司的基本内容、财务管理目标的类型；
掌握财务管理方法、利益冲突的协调方法。

引例

绿野仙踪农业合作社

绿野仙踪农业合作社位于我国西南部的一个风景如画的乡村，这里气候宜人，土壤肥沃，非常适合农业发展。合作社成立于2010年，由当地30名农民共同发起，目的是利用当地的自然资源，发展可持续农业，提高农产品的附加值，增加农民收入。合作社的主要业务包括种植有机蔬菜和水果，养殖家禽，以及加工农产品。然而，由于缺乏专业的财务管理知识，合作社在资金分配上存在问题，资金使用效率低下。成员对合作社的财务状况了解不足，缺乏透明度，影响了成员的积极性。投资决策缺乏市场调研和科学依据，导致部分投资项目收益不佳。成本控制不严，存在浪费现象，影响了合作社的盈利能力。此外，缺乏有效的风险管理机制，面对市场波动和自然灾害时，合作社的抗风险能力较弱。

思考

根据合作社的财务困境，应从哪些方面设计财务解决方案？

任务一　乡村企业的认知

一、乡村企业

乡村企业，是指经营活动地点主要在乡村，从事商品生产、商品流通和提供服务性活动的营利性经济组织。实务中，乡村企业可以分为法人企业、非法人企业两大类。其中，法人企业，是指具有民事权利能力和民事行为能力，依法独立享有民事权利和承担民事责任的经济组织。法人企业必须依法成立，有必要的财产或经费，有自己的名称、组织机构和场所，能够独立承担民事责任。非法人企业，是指不具有独立民事权利能力和民事行为能力的经济组织，如个人独资企业、合伙企业等。

实务中，为了降低股东风险，乡村企业一般注册为有限责任公司更好，基于此，本任务主要介绍有限责任公司。

二、有限责任公司的概述

有限责任公司，是指依据《中华人民共和国公司法》（以下简称《公司法》）设立的，由法定数额的股东出资组成，股东以其认缴的出资额为限对公司承担责任的企业法人组织。有限责任公司的股东应负有限责任，克服了无限公司股东所负责任太重的缺点。但是，有限责任公司股东数量受法律限制，股份不得随意转让。

有限责任公司具有以下几个方面的特征。

（1）有限责任公司不公开发行股票。有限责任公司虽然是由股东出资构成，但不以公开形式发行股票。公司签发的出资证明书是股东拥有公司股份的权利证明。

（2）股东数有一定的限制。《公司法》相关条款规定，有限责任公司由50个以下股东共同出资设立。

（3）股东负有限责任。无论公司对外所负债务状况如何，股东只以其认缴的出资额为限对公司承担有限责任，对公司的债权人不负直接债务。因此，公司如果亏损，股东的个人财产不受影响。

（4）股东出资的转让有严格的限制。《公司法》相关条款规定，股东之间可以相互转让其全部出资或部分出资。但是，股东向股东以外的人转让其出资时，必须经其他股东过半数同意。

三、有限责任公司的设立

（一）设立条件

《公司法》相关条款规定，设立有限责任公司，应当具备以下五个方面的条件。

1. 股东符合法定人数

有限责任公司由50名以下股东共同组成，其中一人有限责任公司的股东只有1人。

2. 有符合公司章程规定的全体股东认缴的出资额

股东可以用货币出资，也可以用实物、知识产权、土地使用权等可以用货币估价并可以依法转让的非货币财产作价出资；但是，法律、行政法规规定不得作为出资的财产除外。

3. 股东共同制定公司章程

有限责任公司章程须经全体股东一致同意，并应载明以下几个方面的内容。

（1）公司的名称和住所。

（2）公司经营范围。

（3）公司注册资本。

（4）股东的姓名或者名称。

（5）股东的出资方式、出资额和出资时间。

（6）公司的机构及其产生办法、职权、议事规则。

（7）公司的法定代表人。

（8）股东会会议认为需要规定的其他事项。

4. 公司的名称与组织机构

有限责任公司的名称通常是某有限责任公司或某有限公司。有限责任公司要求的组织机构有股东会、董事会、总经理、监事会等。

5. 公司住所

公司住所是公司进行经营活动的场所，是发生纠纷时确定诉讼管辖及行政管辖的依据，是向公司送达文件的法定地址。公司的住所是公司主要办事机构所在地，经公司登记机关登记的公司的住所只能有一个。

（二）设立程序

1. 股东出资

股东出资是公司设立的基本条件，也是股东取得股权的依据。股东应当按期足额缴纳公司章程中规定的各自所认缴的出资额。股东以货币出资的，应当将货币出资足额存入有限责任公司在银行开设的账户；以实物、知识产权、土地使用权等可以用货币估价并可以依法转让的非货币财产作价出资的，应当依法办理财产权的转移手续。对于作为出资的非货币财产应当评估作价，核实财产，不得高估或者低估作价。法律、行政法规对评估作价有规定的，从其规定。

2. 订立章程

公司章程由全体股东共同制定，股东应当在章程上签名、盖章。公司章程是公司最基本的法律文件。它是关于公司组织处理内外关系和经营活动的基本规则。公司章程的记载事项依据是否具有法律强制性规定可分为：绝对必要记载事项、相对必要记载事项和任意记载事项。

3. 申请与登记

全体股东指定代表或者共同委托代理人向公司登记机关申请设立登记，并提交公司核名资料、股东信息、公司章程等资料，法律、行政法规规定设立某些有限责任公司需要经有关部门批准的，应当提交相关的批准文件。公司登记机关受理后，根据《公司法》规定的条件对申请材料进行审查，符合规定条件的，予以登记，发给公司营业执照。公司营业执照签发日期为有限责任公司成立日期，获得营业执照的有限责任公司就具备了企业法人资格，可以进行正常的经营活动。

4. 签发出资证明书

有限责任公司成立后，应当向股东签发出资证明书。出资证明书应当载明以下几个方面的事项。

（1）公司名称。

（2）公司成立日期。

（3）公司注册资本。

（4）股东的姓名或者名称、缴纳的出资额和出资日期。

（5）出资证明书的编号和核发日期，出资证明书由公司盖章。

四、有限责任公司的资本和股东

（一）有限责任公司的资本

有限责任公司的资本，一般指公司的注册资本，由在公司登记机关登记的全体股东认缴的出资额构成。注册资本是有限责任公司对外承担债务的基本保证，是公司用自己的财产清偿债务的最低限额。《公司法》相关条款规定，股东不按照规定缴纳出资的，除应当向公司足额缴纳外，还应当向已按期足额缴纳出资的股东承担违约责任。有限责任公司成立后，发现作为设立公司出资的非货币财产的实际价额显著低于公司章程所确定金额的，应当由交付该出资的股东补足其差额；公司设立时的其他股东承担连带责任。

（二）有限责任公司的股东

1. 股东的权利

实务中，有限责任公司的股东享有以下几个方面的权利。

（1）股东有权查阅、复制公司章程、股东会会议记录、董事会会议决议、监事会会议决议和财务会计报告。另外，股东按照相关规定可以要求查阅公司会计账簿。股东要求查阅公司会计账簿的，应当向公司提出书面请求，说明目的。公司有合理根据认为股东查阅会计账簿有不正当目的，可能损害公司合法利益的，可以拒绝提供查阅，并应当自股东提出书面请求之日起15日内书面答复股东并说明理由。公司拒绝提供查阅的，股东可以请求人民法院要求公司提供查阅。

（2）股东有权按照实缴的出资比例分取红利。公司新增资本时，股东可以优先按照实缴的出资比例认缴出资。但是，全体股东约定不按照出资比例分取红利或者不按照出资比例优先认缴出资的除外。

（3）股东有权向其他股东转让其出资，在同等条件下，对其他股东转让的出资有优先购买权。

2. 股东的义务

实务中，有限责任公司的股东应当履行以下几个方面的义务。

（1）股东有义务按规定认缴约定的出资额出资。

（2）以其认缴的出资额对公司承担责任。

（3）股东在公司登记后，不得抽逃出资。

（4）股东应当遵守法律、行政法规和公司章程，依法行使股东权利，不得滥用股东权利损害公司或者其他股东的利益；不得滥用公司法人独立地位和股东有限责任损害公司债权人的利益。《公司法》规定，公司股东滥用股东权利给公司或者其他股东造成损失的，应当依法承担赔偿责任。股东滥用公司法人独立地位和股东有限责任，逃避债务，严重损害公司债权人利益的，应当对公司债务承担连带责任。

（5）公司的控股股东不得利用其关联关系损害公司利益，由此给公司造成损失的，应当承担赔偿责任。

3. 股东名册

《公司法》规定，有限责任公司应当置备股东名册，以便于工作中查阅。股东名册应记载下列事项。

（1）股东的姓名或者名称及住所。

（2）股东的出资额。

（3）出资证明书编号。

五、有限责任公司的组织机构

（一）股东会

有限责任公司股东会由全体股东组成。股东会是公司的最高权力机构，并根据《公司法》和公司章程的规定，决定公司的重大事项。

1. 股东会的职权

《公司法》规定，股东会行使以下几个方面的职权。

（1）决定公司的经营方针和投资计划。

（2）选举和更换非由职工代表担任的董事、监事，决定有关董事、监事的报酬事项。

（3）审议批准董事会的报告。

（4）审议批准监事会或者监事的报告。

（5）审议批准公司的年度财务预算方案、决算方案。

（6）审议批准公司的利润分配方案和弥补亏损方案。

（7）对公司增加或者减少注册资本做出决议。

（8）对发行公司债券做出决议。

（9）对公司合并、分立、解散、清算或者变更公司形式做出决议。

（10）修改公司章程。

（11）公司章程规定的其他职权。

2. 股东会的召集

股东会的首次会议由出资最多的股东召集和主持。首次股东会会议之后，有限责任公司设董事会的，股东会会议由董事会召集，董事长主持；董事长不能履行职务或者不履行职务的，由副董事长主持；副董事长不能履行职务或者不履行职务的，由半数以上董事共同推举一名董事主持。有限责任公司不设董事会的，股东会会议由执行董事召集和主持；董事会或者执行董事不能履行或者不履行召集股东会会议职责的，由监事会或者不设监事会的公司的监事召集和主持；监事会或者监事不召集和主持的，代表1/10以上表决权的股东可以进行召集和主持。

实务中，股东会会议分为定期会议和临时会议。其中，定期会议举行的时间和次数由公司章程规定；临时会议的召开由董事会决定。但是，如遇紧急事项或有必要时，代表1/10以上表决权的股东，1/3以上董事或者监事有权提议召开股东会议。召集股东会会议，应当于会议召集15日前通知全体股东；但是，公司章程另有规定或者全体股东另有约定的除外。

3. 股东会的议事方式和表决程序

股东会的议事方式和表决程序由公司章程规定，《公司法》另有规定的除外。《公司法》规定，股东会会议作出修改公司章程、增加或者减少注册资本的决议，以及公司合并、分立、解散或者变更公司形式的决议，必须经代表2/3以上表决权的股东通过。股东会会议由股东按照出资比例行使表决权。

股东会应当对所议事项的决定做出会议记录，出席会议的股东应当在会议记录上签名。

（二）董事会

1. 董事会的组成

有限责任公司董事会由董事组成，成员为3~13人，通常为单数。两个以上的国有企业或者两个以上的其他国有投资主体投资设立的有限责任公司，其董事会成员中应当有公司职工代表；其他有限责任公司董事会成员中可以有公司职工代表。董事会中的职工代表由公司职工通过职工代表大会、职工大会或者其他形式民主选举产生。董事会设董事长1人，可以设副董事长。董事任期由公司章程规定，但每届任期不得超过3年。董事任期届满，连选可以连任。董事任期届满未及时改选，或者董事在任期内辞职导致董事会成员低于法定人数的，在改选出的董事就任前，原董事仍应当依照法律、行政法规和公司章程的规定，履行董事职务。

2. 董事会的职权

董事会是股东会的执行机构，对股东会负责，行使以下几个方面的职权。

（1）召集股东会会议，并向股东会报告工作。

（2）执行股东会决议。

（3）决定公司的经营计划和投资方案。

（4）制定公司的年度财务预算方案、决算方案。

（5）制定公司的利润分配方案和弥补亏损方案。

（6）制定公司增加或者减少注册资本以及发行公司债券的方案。

（7）制定公司合并、分立、解散或者变更公司形式的方案。

（8）决定公司内部管理机构的设置。

（9）决定聘任或者解聘公司经理及其报酬事项，并根据经理的提名决定聘任或者解聘公司副经理、财务负责人及其报酬事项。

（10）制定公司的基本管理制度。

（11）公司章程规定的其他职权。

3. 董事会的召集

实务中，有限责任公司的董事会会议由董事长召集和主持；董事长不能履行职务或者不履行职务的，由副董事长召集和主持；副董事长不能履行职务或者不履行职务的，由半数以上董事共同推举一名董事召集和主持。与股东会按照出资比例行使表决权不同，董事会的表决实行一人一票。董事会应当对所议事项的决定做出会议记录，出席会议的董事应当在记录上签名。《公司法》规定，股东人数较少或者规模较小的有限责任公司，可以设一名执行董事，不设董事会。执行董事可以兼任公司经理。

（三）经理

有限责任公司可以根据经营管理的需要设经理，负责公司的日常经营管理工作，执行董事会的决议和指示。经理由董事会聘任或者解聘。不设董事会的，执行董事可以兼任公司经理。

实务中，经理对董事会负责，行使以下几个方面的职权。

（1）主持公司的生产经营管理工作，组织实施董事会决议。

（2）组织实施公司年度经营计划和投资方案。

（3）拟定公司内部管理机构设置方案。

（4）拟定公司的基本管理制度。

（5）制定公司的具体规章。

（6）提议聘任或者解聘副经理、财务负责人。

（7）决定聘任或者解聘除应由董事会决定聘任或者解聘以外的负责管理人员。

（8）董事会授予的其他职权。

（四）监事会

监事会是有限责任公司的监督机构，有权检查公司的财务状况、经营状况，监督董事会及其成员、高级管理人员的职务行为。

《公司法》规定，有限责任公司设监事会，其成员不得少于3人。监事会应当包括股东代表和适当比例的公司职工代表，其中职工代表的比例不得低于1/3，具体比例由公司章程规定。监事会中的职工代表由公司职工通过职工代表大会、职工大会或者其他形式民主选举产生。股东人数较少或者规模较小的有限责任公司，可以设1~3名监事，不设监事会。董事、高级管理人员不得兼任监事。

监事的任期每届为3年。监事任期届满，连选可以连任。监事任期届满未及时改选，或者监事在任期内辞职导致监事会成员低于法定人数的，在改选出的监事就任前，原监事仍应当依照法律、行政法规和公司章程的规定，履行监事职务。监事会设主席1人，由全体监事过半数选举产生。监事会主席召集和主持监事会会议；监事会主席不能履行职务或者不履行职务的，由半数以上监事共同推举1名监事召集和主持监事会会议。监事会每年度至少召开一次会议，监事可以提议召开临时监事会会议。《公司法》规定，监事会决议应当经半数以上监事通过。监事会应当对所议事项的决定形成会议记录，出席会议的监事应当在会议记录上签名。监事会的议事方式和表决程序，由公司章程规定。

实务中，监事会、不设监事会的公司的监事行使以下几个方面的职权。

（1）检查公司财务。

（2）对董事、高级管理人员执行公司职务的行为进行监督，对违反法律、行政法规、公司章程或者股东会决议的董事、高级管理人员提出罢免的建议

（3）当董事、高级管理人员的行为损害公司的利益时，要求董事、高级管理人员予以纠正。

（4）提议召开临时股东会会议，在董事会不履行本法规定的召集和主持股东会会议职责时召集和主持股东会会议。

（5）向股东会会议提出提案。

（6）依照法律的规定，对董事、高级管理人员提起诉讼。

（7）公司章程规定的其他职权。

六、有限责任公司的股权转让

有限责任公司由股东出资构成，股东按照认缴出资额的比例享受股权。股东可以将自己的股权部分或全部转让给公司的其他股东或股东以外的第三人。按照股份转让的对象、份额和转让的不同事由，股权转让分为全部转让和部分转让，内部转让和外部转让，协议转让和非协议转让。

（一）有限责任公司股权的协议转让

有限公司的协议转让，是指股东通过协议的方式转让其股权。《公司法》规定，有限责任公司的股东之间可以相互转让其全部或者部分股权；但向股东以外的人转让股权时，应当征得其他股东过半数同意。在转让前，该股东应当就其股权转让事项书面通知其他股东征求同意，其他股东自接到书面通知之日起30日内答复是否购买；满30日未答复的，视为同意转让。其他股东半数以上不同意转让的，不同意的股东应当购买该转让的股权，不购买的，视为同意转让。

《公司法》规定，经股东同意转让的股权，在同等条件下，其他股东有优先购买权。两个以上股东主张行使优先购买权的，协商确定各自的购买比例；协商不成的，按照转让时各自的出资比例行使优先购买权，但公司章程对股权转让另有规定的，从其规定。

（二）有限责任公司股权的非协议转让

1. 股份的强制执行

在人民法院强制执行过程中，可以对债务人的股权进行强制转让。《公司法》规定，人民法院依照法律规定的强制执行程序转让股东的股权时，应当通知公司及全体股东，其他股东在同等条件下有优先购买权。其他股东自人民法院通知之日起满20日不行使优先购买权的，视为放弃优先购买权。

2. 异议股东的股权回购

《公司法》规定，有以下情形之一的，对股东会该项决议投反对票的股东可以请求公司按照合理的价格收购其股权。

（1）公司连续5年不向股东分配利润，而公司该5年连续盈利，并且符合本法规定的分配利润条件的。

（2）公司合并、分立、转让主要财产的。

（3）公司章程规定的营业期限届满或者章程规定的其他解散事由出现，股东会会议通过决议修改章程使公司存续的。

3. 股权继承

《公司法》规定,自然人股东死亡后,其合法继承人可以继承股东资格;但是,公司章程另有规定的除外。

实务中,转让股权后,公司应当注销原股东的出资证明书,向新股东签发出资证明书,并相应修改公司章程和股东名册中有关股东及其出资额的记载。对公司章程的该项修改不需再由股东会表决。

七、一人有限责任公司的特别规定

一人有限责任公司,是指只有一个自然人股东或者一个法人股东的有限责任公司。常见的一人有限责任公司如母公司设立的全资子公司,有限责任公司因股东的退出而转化为一人有限责任公司。实务中,《公司法》对一人有限责任公司未作特别规定的,一人有限责任公司适用《公司法》的一般规定。

实务中,基于一人有限责任公司的特殊性,对其设立、组织形式等作了特别规定。

1. 设立的特别规定

一个自然人只能投资设立一个一人有限责任公司;该一人有限责任公司不能投资设立新的一人有限责任公司;一人有限责任公司应当在公司登记中注明自然人独资或者法人独资,并在公司营业执照中载明;一人有限责任公司章程由股东独立制定。

2. 组织形式的特别规定

一人有限责任公司不设股东会,但股东在行使股东会的职权并做出决定时,应当采用书面形式,签名后置备于公司。

3. 财务报告的特别规定

一人有限责任公司应当在每一会计年度终了时编制财务会计报告,并经会计师事务所审计。

4. 责任承担的特别规定

一人有限责任公司的股东不能证明公司财产独立于股东自己的财产的,应当对公司债务承担连带责任。这实际上是特殊情况下对一人有限责任公司的人格否认。

任务二　财务管理的认知

一、财务管理的概述

(一)财务管理的概念

财务管理,是指在企业总体目标的指导下组织企业财务活动,处理财务关系的一项综合性的经济管理工作。财务管理是企业管理工作的重要组成部分，财务管理水平、管理效率的高低，直接影响到企业的经营效益。因此，加强企业财务管理至关重要。

（二）财务活动

财务活动，是指以现金收支为主的各项资金收支活动的总称。拥有一定数量的资金，是企业从事生产经营活动，获取利润的基础。如成立企业需要资金购置厂房、设备、材料，支付经营管理人员和职工薪酬，缴纳各项税费等。在日常生活中，企业通过销售商品、提供劳务、让渡资产使用权获取资金，通过购买商品、接受劳务支付资金等；总之，企业的运行，很重要的部分就是组织财务活动，主要包括筹资活动、投资活动、资金营业活动、收益分配活动。这些财务活动的各个方面是相互联系、相互依存的，构成了完整的企业财务活动。

（三）财务关系

企业的财务活动是以企业为主体所进行的管理活动，企业作为法人在组织财务活动过程中，必然与企业内部、外部有关各方发生广泛的经济利益关系，这就是企业的财务关系。企业的财务关系可概括为以下几个方面。

1. 企业与政府部门之间的财务关系

政府作为行政管理部门，肩负着维护社会秩序、保障国家安全、组织和管理社会公共活动等任务，而政府为了完成其使命，必然会强制性无偿取得一定的经济利益。包括按照国家税法规定向企业征收各种税款，如所得税、消费税、增值税、资源税、印花税、城建税、教育费附加等。企业在税法的规定下无偿地缴纳各种税费，体现了政府管理部门强制无偿地参与企业分配关系。

2. 企业与投资者之间的财务关系

企业与投资者之间的财务关系，主要是指企业的投资者向企业投入资本形成的所有权关系。投入企业的资本来源主要包括：国家资本、个人资本、法人资本及外商资本。企业作为独立的经营组织，按照独立经营、自负盈亏的原则进行经济管理活动，从而实现企业资本的保值与增值。投资者按照其出资的份额，以所有者的身份参与企业净利润的分配，体现为所有权性质的投资与受资的关系。

3. 企业与债权人之间的财务关系

企业与债权人之间的财务关系，主要是指债权人贷款给企业所形成的债权债务关系，即债权人按照合同约定贷款给企业，企业按合同规定定期偿还本金和利息所形成的债权债务关系。

4. 企业与受资者之间的财务关系

企业与受资者之间的财务关系，主要是指企业以直接（如出资）或者间接（如购买股票）的方式向其他企业投资所形成的经济关系。

5. 企业与债务人之间的财务关系

企业与债务人之间的财务关系，主要是指企业通过用资本购买债券、提供借款或结算等形式与其他单位所形成的债权债务关系。

6. 企业内部各单位之间的财务关系

企业内部各单位之间的财务关系，主要是指企业内部各单位之间在生产经营各环节中相互提供产品或劳务所形成的经济关系。

7. 企业与职工之间的财务关系

企业与职工之间的财务关系，主要是指企业向职工支付劳动报酬过程中所形成的经济关系。

二、财务管理的目标

企业属于自负盈亏的经济组织，主要以获取利润、创造价值为目标。在激烈的市场竞争中，企业首先要考虑的就是生存，只有生存下来，企业才有扩张、发展的机会；只有把握住发展的机会，企业才能在商战中获取更多的利润，实现企业的目标。因此，企业的目标可以具体划分为生存目标、发展目标、获利目标。一般而言，企业财务管理的目标就是为企业实现既定目标服务。因此，财务管理主要是在企业目标管理下组织财务活动和处理财务关系，从价值上反映企业的资金运动和总体价值。

（一）企业财务管理目标的分类

不同企业在经营活动过程中所选择的财务管理目标是不一致的。同一家企业在不同发展阶段，选择的财务管理目标也是不一样的。常见的财务管理目标有以下几种。

1. 利润最大化目标

利润最大化目标就是假定企业的财务管理以实现利润最大化作为管理的目标。企业属于自负盈亏的经济组织，获取利润是企业开展经营活动的直接动机。只有获取一定的利润，企业才可以生存、发展。只有生存、发展起来的企业，才能获得更多的利润。因此，选择利润最大化作为财务管理的目标具有很重要的现实意义，很多企业在起步阶段、发展阶段都考虑采用利润最大化作为财务管理的目标。

（1）利润最大化目标的优点。在实际工作中，采用利润最大化作为财务管理目标有两个方面的优点。

一是企业以利润最大化为目标，就必然会促进企业开源节流，即一方面充分研究市场竞争态势，选择合适的时间推出新产品和新服务，占领更多的市场，获得更多的收入；另一方面，加强经营管理过程的核算，提高管理水平，开发新技术，降低产品和服务的成本。这些措施都有利于企业开源节流，合理配置资源，实现企业的目标。

二是以利润最大化为目标，通过利润指标可以衡量企业拥有或者控制的经济资源，直观反映企业的实力；在自由竞争的资本市场中，获利最多的企业将会获得更多资本的使用权。利润这个指标可以直观地反映竞争的优胜劣汰，获利越多，竞争能力越强，生存、发展的机会就越多。

（2）以利润最大化为目标的缺点。在实际工作中，以利润最大化为目标也有以下几个方面的缺点。

一是以利润最大化为目标没有考虑利润实现时间和货币时间价值。根据货币时间价值原理，现在的 1 元钱和以后的 1 元钱的价值是不相等的。如今年 1 万元利润和 10 年后 1 万元利润的实际价值是不一样的，10 年间还会有时间价值的增加，而且这一数值会随着贴现率的不同而有所不同。

二是以利润最大化为目标没有考虑行业风险问题。在市场竞争中，有的属于高风险行业，有的属于低风险行业，不同行业的风险程度不同。因此，同等的利润在不同行业中代表的价值是不相同的，如风险比较高的高科技企业和风险相对较小的制造业企业无法简单比较。

三是以利润最大化为目标没有反映实现的利润与投入资本之间的关系。有些企业投入资本小，有些企业投入资本多。在投入不相同的情况下，简单地利用利润数字来比较是不科学的。

四是以利润最大化为目标容易导致企业财务决策短期化。实务中，利润一般按月度、季度、半年度、年度计算，而利润又是一个直观的获利指标，容易导致管理层财务决策的短期化。为了短期的利润而忽视了长期利润，影响企业长远发展。

2. 股东收益最大化目标

股东收益最大化目标就是假设企业财务管理以实现股东收益最大化为目标。股东作为企业的投资者，其收益主要体现在资本溢价和股利分配两个方面。一般，对上市公司而言，股东的收益是由其所拥有的股票数量和股票的市场价格决定的。在拥有股票数量不变的情况下，股票的价格越高，股东的收益也就越大。

（1）股东收益最大化目标的优点。在实际工作中，以股东收益最大化为财务管理目标，充分考虑了股东的经济利益，具有以下几个方面的优点。

一是考虑了与收益对应的风险因素。在证券市场上，股票的价格是对股票的价值与风险的权衡。股票的价格是股票的价值反映，同时也会对股票风险做出较敏感的反应。在一定的收益条件下，衡量风险的大小；在一定的风险条件下，衡量收益的大小。

二是有利于财务决策的长期化。证券市场上，影响股票价格的因素很多，利润是其中一个重要的影响因素，不仅当前的利润会影响股票的价格，预期未来的利润也会对股票的价格产生重要影响；因此，企业决策时不仅要考虑当前的利润，也要考虑未来的利润，把决策目光放得更长远，以获取长期稳定的经济利益。

三是股东收益容易量化，有利于分析考核企业的经营业绩。对上市公司来说，在股东股票数量不变的情况下，股票的价格可以直观地反映股东的收益水平。证券市场上，企业股票的价格越高，股东的收益就越高；股票的价格越低，股东的收益就越低。通过股票的价格高低还可以分析考核企业的经营业绩，一般，股票的价格逐步提升，表明企业的经营业绩越来越好。

（2）股东收益最大化目标的缺点。在实际工作中，股东收益最大化目标，充分考虑了股东的收益，然而却忽略了其他相关者的利益，具有以下几个方面的缺点。

一是对非上市公司而言，就很难获取股东所持股票的市场价值，很难反映股东的收益水平。上市公司可以通过股票的价格衡量股东的收益，然而，非上市公司的股票没有公开流通，市场上很难获得非上市公司的股票价格，需要通过评估机构的一系列评估才能获得股东收益的相关数据，操作难度大。

二是股票的价格受到很多因素的影响，尤其是外部因素的影响，还有一些是非正常因素（如全球经济危机）。市场经济是一个由众多因素相互影响的错综复杂的主体，不断地受各种因素的左右。在外部环境的急剧变化中，股票的价格通常不能准确地反映企业真实的财务管理状况、经营成果、现金流量等信息，导致股票的价格偏离实际情况，从而误导投资者决策。

三是过多地强调股东利益，而忽视了其他相关者的利益。在市场经济条件下，企业与供应商、经销商、客户、员工、债权人等都存在密切的关系，忽视了其他相关者的利益甚至损害相关者利益，导致商业合作不能持续和长久，不利于企业的长期发展。

3. 企业价值最大化目标

企业价值最大化目标就是假设企业财务管理以实现企业的价值最大化为管理目标。企业价值实际上就是企业所有者权益的市场价值，即企业所有者权益的未来现金流量，企业价值最大化就是企业所有者权益的未来现金流量达到最大。未来现金流量的确认包含了资金的时间价值和风险价值两个方面的因素。因为未来现金流量的预测包含了不确定性和风险因素，而现金流量的现值是以资金的时间价值为基础对现金流量进行折现计算得出的。

企业价值最大化目标要求企业采用最优的财务决策，充分考虑资金的时间价值和风险与报酬的关系，在保证企业长期稳定发展的基础上使企业总价值达到最大。

（1）企业价值最大化目标的优点。在实际工作中，企业价值最大化目标充分考虑资金的时间价值和风险与报酬的关系，具有以下几个方面的优点。

一是考虑了资金的时间价值。企业价值最大化计算的一个重要依据是资金时间价值的衡量，通过计算资金的时间价值来确定企业的价值。在不同时间点上，相同金额的资金在不同的时间里具有不相等的价值，通常认为，同等金额的资金，现值比未来更值钱。因此，考虑资金时间价值可以更加准确地反映企业的实际价值，有利于企业价值实现最大化。

二是考虑了风险与收益的关系。在市场经济中，风险与收益是并存的。企业的生存和发展，总是在一定的风险环境中进行的。企业冒着风险开展经营活动，应当重视风险与收益的平衡，在风险一定情况下谋求更多经济收益。

三是将企业长期、稳定的发展和持续的获利能力放在第一位。企业价值是体现在长期发展中实现的价值，需要在未来一段较长的时间内衡量，有利于企业财务决策的长期化，避免决策的短期化倾向。实务中，不仅现在的利润会影响企业的价值，未来的利润也会影响企业的价值。

四是通过价值指标替代价格指标，避免了过多受外界市场因素的干扰。市场是多种因素相互影响的主体，外界对股票的价格干扰很强。用价值指标替代价格指标，避免外界行为的干扰，实现对企业价值的有效评估。

（2）企业价值最大化目标的缺点。在实际工作中，企业价值最大化目标存在以下两个方面的缺点。

一是企业价值适用于理论研究，在实际管理工作中很难衡量。虽然上市公司的股票价格变动在一定程度上反映了企业价值的变化，但是，股票的价格受到多种因素的共同作用，容易导致股票的价格很难反映企业的实际价值（如在资本市场效率低下的情况下，股票价格很难反映企业的价值）。

二是非上市公司的价值，无法通过证券市场获取信息。非上市公司无法在证券市场上获得有效的价值评估数据和资料，只有通过评估机构进行专门的评估才能确定其价值。然而在评估公司的资产时，由于受评估标准和评估方式的影响，很难做到客观和准确。

4. 相关者利益最大化目标

相关者利益最大化目标就是假设企业的财务管理以实现相关者利益最大化为目标。在市场经济中，一个企业不是孤立存在的，它需要和社会其他利益相关者密切合作，取得经济利益。企业要确立科学的财务管理目标，需要在众多利益相关者中找出与企业发展密切相关的相关者，如股东作为企业所有者，在企业中承担着最大的权利、义务、风险和报酬，但是债权人、员工、企业经营者、客户、供应商和政府也为企业承担着风险，因此，在制定财务管理目标的时候，首先考虑股东的权益，同时应当考虑债权人、员工、企业经营者、客户、供应商和政府的利益。

（1）相关者利益最大化目标的优点。在实际工作中，相关者利益最大化目标既考虑了股东，也考虑了债权人、企业员工、企业经营者、客户、供应商和政府的利益，具有以下几个方面的优点。

一是有利于企业长远的发展。相关者利益最大化目标关注相关者利益，谋求合作共赢的局面，实现长远发展目标。相关者利益最大化目标要求企业在追求长期稳定发展的过程中，站在企业发展的角度上进行财务决策，避免只站在股东的角度进行投资可能导致的一系列问题，促进企业长期发展。

二是体现了合作共赢的价值理念，有利于实现企业经济效益和社会效益的统一。由于兼顾了企业、股东、政府、客户等的利益，企业就不仅仅是一个单纯牟利的组织，还承担了一定的社会责任，企业在寻求其自身的发展和利益最大化过程中，由于兼顾客户及其他利益相关者的利益，就会依法经营，依法管理，正确处理各种财务关系，自觉维护和切实保障国家、集体和社会公众的合法权益。

三是这一目标本身是一个多元化、多层次的目标体系，较好地兼顾了各利益主体的利益。这一目标可使企业各利益主体相互作用、相互协调，并在使企业利益、股东利益达到最大化的同时，也使其他利益相关者利益达到最大化。也就是将企业财富这块"蛋糕"做到最大化的同时，保证每个利益主体所得的"蛋糕"更多。

四是体现了前瞻性和现实性的统一。在相关者利益最大化目标下，形成一套完整的评价指标，为信息使用者服务。如股东的评价指标可以使用股票市价；债权人可以寻求风险最小、利息最大；员工可以确保工资福利；政府可以考虑社会效益等。不同的利益相关者有各自的指标，只要合理合法、互利互惠、相互协调，就可以实现所有相关者利益最大化。

（2）相关者利益最大化目标的缺点。相关者利益最大化目标有利于企业长期发展，但也面临着不足。企业是一个自负盈亏的经济组织，是众多相关利益者的集合，包括了股东、债权人、员工、职业经理人、客户、供应商、政府部门等。如何处理以上相关利益者的利益，是一个很复杂很困难的过程，在实务中基本上实现不了。因为利益相关者都站在自己的角度希望获取最大的经济利益，这样，就会有一部分利益相关者的利益受到损害（如所有者在企业的权力最大，想谋求更多的经济利益，而企业的员工相对来说就属于弱势群体，想争取更多的利益就显得很困难了）。

（二）利益的冲突与协调

在所有权和经营权相分离的现代企业里面，企业所有者的目标和经营者、债权人等的目标一般是一致的，都是想获取更多的经济利益，然而，实务中，也会面临着所有者与经营者、债权人等的目标不一致的情况，甚至出现很大的偏差，形成了利益上的冲突。如何协调好这些利益冲突，是做好财务管理的一项重要工作。一般，应将所有者与经营者、债权人的利益绑定在一起，形成共同的利益链，把目标统一起来，把握动态平衡的原则。

1. 所有者与经营者利益冲突的协调

在现代企业中，经营者一般不拥有占支配地位的股权，他们只是所有者的代理人。所有者期望经营者代表他们的利益工作，实现所有者财富最大化，而经营者则有其自身的利益考虑，二者的目标会经常不一致。通常而言，所有者支付给经营者报酬的多少，在于经营者能够为所有者创造多少财富。经营者和所有者的主要利益冲突，就是经营者希望在创造财富的同时，能够获取更多的报酬、更多的享受；而所有者则希望以较小的代价（支付较小的报酬）实现更多的收益。

为了协调这一利益冲突，一般可采取以下几种方法。

（1）解除聘任。解除聘任，是指所有者不再聘任经营者为其服务，结束之前的聘任合同或者协议。这种方法是利用所有者的特权约束或者控制经营者的直接手段。所有者发现经营者没有实现合同或协议约定的经营业绩或者没有达到预期的目标，就可以按照约定条款解聘经营者；经营者为了职业前途，就会努力工作，积极实现既定的目标。

（2）市场接收。市场接收，是指一个企业被其他企业强行收购或吞并的行为。市场接收是一种间接约束经营者的方法。如果企业经营业绩不好，所有者没有获得预期的收益，所有者有可能将企业转让或者企业被强行收购，这样经营者就很可能被解聘，从而丢失工作，影响职业前途。因此，经营者为了避免市场接收，就会努力工作，提高经营业绩，实现财务管理目标。

（3）激励。激励，是指将经营者的报酬与其绩效直接挂钩，以使经营者自觉采取能提高所有者财富的措施。激励通常有股票期权和绩效股两种方式，其中，股票期权，是指企业的所有者允许经营者在特定的条件下以约定的价格购买一定数量本企业股票的行为；绩效股，是指企业运用每股收益、资产收益率等指标来评价经营者绩效，并视其绩效大小给予经营者数量不等的股票作为报酬。

2. 所有者与债权人的利益冲突协调

所有者的目标可能与债权人期望实现的目标发生矛盾。首先，所有者可能要求经营者改变举债资金的原定用途，将其用于风险更高的项目，这会增大偿债风险，债权人的负债价值也必然会降低，造成债权人风险与收益的不对称。因为高风险的项目一旦成功，额外的利润就会被所有者独享；但若失败，债权人却要与所有者共同负担由此而造成的损失。其次，所有者可能在未征得现有债权人同意的情况下，要求经营者举借新债，因为偿债风险相应增大，从而致使原有债权的价值降低。

在实际工作中，所有者与债权人的利益冲突，可以通过以下方式解决。

（1）限制性借款。债权人通过事先规定借款用途限制、借款担保条款和借款信用条件，使所有者不能通过以上两种方式削弱债权人的债权价值。通过限制性借款条款的限制，债权人发现企业有背离合同条款的高风险投资或资金用途偏离合同约定，可以追究企业的违约责任。

（2）收回借款或停止借款。当债权人发现企业有侵蚀其债权价值的意图时，采取收回债权或不再给予新的借款的措施，从而保护自身权益。按照借款合同条款的约定，当企业出现损害债权人合法权益时，债权人可以停止借款的发放，并将已经发放的借款提前收回，必要时可以强制收回，从而保证其合法权益。

三、财务管理的方法

财务管理方法是实现企业财务管理目标的重要手段，不管选择哪一种财务管理目标，都需要采用一定的方法去实现。实务中，财务管理方法主要包括财务预测、财务决策、财务预算、财务控制、财务分析与财务考核。

（一）财务预测

财务预测是指根据活动的历史资料，考虑现实的条件和今后的要求，对企业未来时期的财务收支活动进行全面的分析，并做出各种不同的预计和推断的过程。它是财务管理的基础。财务预测的主要内容有筹资预测、投资收益预测、成本预测、收入预测和利润预测等。财务预测所采用的具体方法主要有属于定性预测的判断分析法和属于定量预测的时间序列法、因果分析法和税率分析法等。

（二）财务决策

财务决策是指在财务预测的基础上，对不同方案的财务数据进行分析比较，全面权衡利弊，从中选择最优方案的过程。它是财务管理的核心。财务决策的主要内容有筹资决策、投资决策、成本费用决策、收入决策和利润决策等。财务决策所采用的具体方法主要有概率决策法、平均报酬率法、净现值法、现值指数法、内含报酬率法等。

（三）财务预算

财务预算是指以财务决策的结果为依据，对企业生产经营活动的各个方面进行规划的过程。它是组织和控制企业财务活动的依据。财务预算的主要内容有筹资预算、投资预算、成本费用预算、销售收入预算和利润预算等。财务预算所采用的具体方法主要有平衡法、定率法、定额法、比例法、弹性计划法和前期实绩推算法等。

（四）财务控制

财务控制是指以财务预算和财务制度为依据，对财务活动脱离规定目标的偏差实施干预和校正的过程。通过财务控制以确保财务预算的完成。财务控制的内容主要有筹资控制、投资控制、货币资金收支控制、成本费用控制和利润控制。财务控制所采用的具体方法主要有计划控制法、制度控制法、定额控制法等。

（五）财务分析

财务分析是指以会计信息和财务预算为依据，对一定期间的财务活动过程及其结果进行分析和评价的过程。财务分析是财务管理的重要步骤和方法，通过财务分析，可以掌握财务活动的规律，为财务预测和制定财务预算提供资料。财务分析的内容主要有偿债能力分析、营运能力分析、获利能力分析和综合财务分析等。财务分析所采用的具体方法有比较分析法、比率分析法、平衡分析法、因素分析法等。

（六）财务考核

财务考核是指将报告期实际完成数与规定的考核指标进行对比，确定有关责任单位和个人完成任务的过程。财务考核与奖惩紧密联系，是贯彻责任制原则的要求，也是构建激励与约束机制的关键环节。

项目小结

本项目主要内容包括乡村企业、有限责任公司的概述（有限责任公司的设立、设立条件、设立程序），有限责任公司的资本和股东（有限责任公司的资本、有限责任公司的股东），有限责任公司的组织机构（股东会、董事会、经理、监事会）、有限责任公司的股权转让（有限责任公司股权的协议转让、有限责任公司股权的非协议转让）、一人有限责任公司的特别规定，财务管理的概述（财务管理的概念、财务活动、财务关系）、企业财务管理目标（企业财务管理目标的分类、利益的冲突与协调），财务管理的方法（财务预测、财务决策、财务预算、财务控制、财务考核、财务分析）。

习题与实训

扫描二维码答题

项目二　财务管理体制与环境

学习目标

了解财务管理体制的概念、财务管理环境的概念；

理解财务管理体制的内容、财务管理环境的内容；

掌握集权财务管理体制、分权财务管理体制的应用、财务管理环境的适应。

引例

阳光果园

阳光果园位于我国东部的一个乡村，这里气候宜人，土壤肥沃，非常适合农业发展。果园由当地农民集体经营，主要种植苹果、梨和桃等水果，同时开展水果加工业务，如制作果汁和果干。然而，阳光果园在财务管理方面面临着挑战。由于地处偏远，信息闭塞，果园缺乏专业的财务管理人员和系统，资金使用效率低下。财务记录不规范，预算控制和成本核算能力弱，难以应对市场变化和自然灾害的风险。此外，基层财会人员年龄大、文化水平有限、更换频繁，财务管理水平提升困难。

解决方案：建立财务管理制度，合作社聘请了一名专业的财务顾问，帮助建立财务管理制度，包括预算编制、成本核算和财务报告；信息化建设，引入财务管理软件，提高财务管理的自动化和信息化水平，实现财务信息的透明化和实时监控；市场信息获取，建立市场信息收集和分析机制，及时调整经营策略，提高对市场变化的响应速度；风险管理，建立风险评估和应对机制，包括保险和多元化经营策略，提高抗风险能力；人员培训，组织财务人员进行专业培训和实践锻炼，提高其专业素养和业务水平。

成效：通过改进财务管理体制和环境，阳光果园的资金使用效率显著提高，成本得到有效控制，市场反应速度加快，抗风险能力增强。果园的盈利能力提升，农民收入增加，企业竞争力得到增强，此外，通过建立公开透明的财务公开平台，增强了乡村企业财务透明度，推进了乡村治理建设。

任务一 财务管理体制的认知

一、财务管理体制的概述

企业在不同的发展阶段,在不同的环境下,会选择不一样的财务管理模式;不同的经营管理团队,不同的财务管理理念,会形成不一样的财务管理风格。在外部环境及内部管理的共同要求下,企业会形成一套适合自身发展的财务管理体制。

(一)财务管理体制的概念

财务管理体制,是指企业明确其内部各层级财务权限、分清各层级财务责任以及相关的权利和义务的约束机制。财务管理体制实质上是企业内部具有一定约束力的调节机制,其关键是各层级财务管理权限的合理配置,企业所采用的财务管理体制决定其财务管理执行的效果、运行的模式等。因此,科学配置各层级财务管理权限,是明确各层级财务管理人员权利和义务、实现资源优化配置的前提条件。

(二)企业财务管理体制的模式

不同的企业因为内部管理的需求不同,其采用的财务管理体制模式是不一样的;同一个企业在不同的发展阶段,采用的财务管理模式也是不一样的。企业采用的财务管理模式应当能满足其实现企业目标的需要。一般来说,企业财务管理体制包括三种模式:集权模式的财务管理体制、分权模式的财务管理体制以及混合模式的财务管理体制。

1. 集权模式的财务管理体制

集权模式的财务管理体制,是指企业对其管辖的子公司、分支机构等进行的一切财务活动及财务关系的决策都高度集中,其管辖的子公司、分支机构等都没有财务决策权限的管理体制。在集权模式下,企业总部的财务部门具有高度的财务决策权限,不但可以指导其管辖的子公司、分支机构等决策,必要的时候还可以参与其管辖的子公司、分支机构等决策的执行。在集权模式的财务管理体制中,总部财务管理部门采用高度的集权手段,控制其管辖的子公司、分支机构等。

(1)集权模式财务管理体制的特点。在集权模式的财务管理体制下,企业主要的财务管理权限集中于企业总部财务部门,其管辖的子公司、分支机构等没有财务决策权限。企业总部财务部门负责所有的财务决策,其管辖的子公司、分支机构等只需要按照总部的财务决策执行即可。

(2)集权模式财务管理体制的优点。集权模式的财务管理体制优点是企业的各项财务决策均由企业总部财务部门负责,包括制定财务管理制度、财务预算、资金使用等。在集权模式的财务管理体制下，企业由总部统一协调控制，可以充分发挥一体化管理模式的长处，有利于充分调动企业内部的人才、智力、信息资源，有效降低成本、风险损失；有利于统一调度有限的资源，实现资源优化配置；有利于企业整体的税收筹划，实现企业的发展战略。

（3）集权模式财务管理体制的缺点。集权模式的财务管理体制的缺点是企业的所有财务决策权限均集中在企业总部财务部门，其管辖的子公司、分支机构等没有任何的财务决策权限，不利于其管辖的子公司、分支机构等根据实际情况制定财务制度和财务预算，不能根据环境的变化及时调整财务管理手段；高度集权不利于其管辖的子公司、分支机构等发挥集体智慧，财务管理人员缺乏主动性、积极性和创新性；不利于其管辖的子公司、分支机构等财务管理人才的成长，团队丧失活力，复杂的财务程序降低了其管辖的子公司、分支机构等办事效率，面对瞬息万变的市场缺乏财务弹性，容易丧失市场机会。

（4）集权模式财务管理体制在企业中的应用。在实际工作中，采用集权模式的财务管理体制可以最大限度聚合资源优势，减少分歧，有利于贯彻实施企业发展战略和经营目标。但采用集权模式的财务管理体制，除了要求企业管理高层必须具备高度的素质能力外，还要求企业必须有一个能及时、准确地传递各种信息的网络信息平台，并通过信息传递过程的严格控制以保障信息的质量。

2. 分权模式的财务管理体制

分权模式的财务管理体制，是指企业将财务决策权与管理权完全下放到其管辖的子公司、分支机构等，其管辖的子公司、分支机构等只需对一些财务决策结果向企业总部财务部门备案即可的管理体制。在分权模式下，企业总部财务部门不对其管辖的子公司、分支机构等进行干预，只关注其管辖的子公司、分支机构等财务决策与管理的结果。

（1）分权模式财务管理体制的特点。在分权模式的财务管理体制下，企业的财务决策和管理权限分散在其管辖的子公司、分支机构等，其管辖的子公司、分支机构等在人事、财务、资产、供应、生产、销售等方面均有决定权。企业的财务决策权和管理权完全下放到其管辖的子公司、分支机构等，企业总部财务部门不对其管辖的子公司、分支机构等进行干预。

（2）分权模式财务管理体制的优点。分权模式的财务管理体制的优点是企业管辖的子公司、分支机构等不受企业总部财务部门干预，可以根据自身面临的环境、生产经营管理的特点以及预期经营成果等因素制定财务制度和财务决策。在执行过程中，可以根据实际情况及时调整和控制，有利于针对自身存在的问题及时作出有效决策。可以根据自身的情况因地制宜地搞好各项业务，也有利于分散经营风险，促进财务人员的成长。

（3）分权模式财务管理体制的缺点。分权模式的财务管理体制的缺点是企业管辖的子公司、分支机构等各自为营、各自为战，缺乏统一的部署和发展战略，容易引发企业资源的内耗和无效配置，不利于其管辖的子公司、分支机构等树立全局观念和整体意识；不利于资金的集中管理，不能发挥有限资源集中配置的优势，容易出现资金成本增大、费用失控、利润分配无序等不良情况。

（4）分权模式财务管理体制在企业中的应用。分权模式的财务管理体制实质上是企业把决策权限、管理权限在不同程度上放给比较接近信息源的子公司、分支机构等，通过就近原则以及从实际出发的原则及时处理企业的业务，这样便可以大幅缩短信息传递的时间与传递流程，减小信息传递过程中的控制问题，减少信息传递失真及过程控制的成本，提高信息的传递质量与效率，加快企业的决策进程，提高决策的效率与管理的效果。

3. 混合模式的财务管理体制

混合模式的财务管理体制，是指企业执行集权下的分权，即企业对其管辖的子公司、分支机构等在所有重大问题的决策与处理上实行高度集权，企业管辖的子公司、分支机构等则对日常经营活动具有较大的自主决策和管理权限的管理体制。

（1）混合模式财务管理体制的特点。在混合模式的财务管理体制下，企业以发展战略和经营目标为核心，将重大决策权集中于企业总部，由企业总部高度集权，在日常管理中，企业管辖的子公司、分支机构等具有较大的决策权限；在制度建设方面，企业应制定统一的管理制度，明确各层级财务权限及收益分配方案，企业管辖的子公司、分支机构等应当严格遵照执行，并根据自身的情况进行补充；在管理方面，可以充分利用企业总部的各项资源优势，对部分权限进行集中管理；在经营方面，应当充分调动企业管辖的子公司、分支机构等的生产经营积极性。企业管辖的子公司、分支机构等围绕企业发展战略和经营目标，在遵守企业统一制度的前提下，可自主制定生产经营的各项决策。

（2）混合模式财务管理体制的优点。混合模式的财务管理体制实质上是将集权模式与分权模式进行有效组合，在重大问题上由企业总部实行高度集权，统一调配资源，充分发挥企业总部的资源优势，实现企业的战略目标和经营目标；在日常的管理上，给予企业管辖的子公司、分支机构等较大的决策权限，充分调动企业管辖的子公司、分支机构等的积极性。混合模式的财务管理体制既可以避免所有问题统一决策带来的"水土不服"效应，又可以避免各自为战、各自决策带来的"利益冲突"问题。

（3）混合模式财务管理体制在企业中的应用。选择集中模式还是分权模式的财务管理体制来进行财务决策，是要根据企业的内外环境综合考虑的，至今都没有固定的思路或者现成的模式。财务管理体制的集权思维与分权思维，需要考虑企业与其管辖的子公司、分支机构等之间的资本关系和业务关系的具体特点以及集权与分权的"成本与利益"综合判断。作为实体的企业，企业与其管辖的子公司、分支机构等之间往往具有某种业务上的联系，特别是那些实施纵向一体化战略的企业，要求管辖的子公司、分支机构等保持密切的业务联系。企业与其管辖的子公司、分支机构等之间业务联系越密切，就越有必要采用集权模式的财务管理体制；反之，则采用分权模式的财务管理体制。

二、企业财务管理体制的设计

在实际工作中，企业财务管理体制的选择或更新应当考虑以下四个方面的因素。

（一）与现代企业管理制度相适应

现代企业管理制度也称产权管理制度，是指以企业的产权作为依托，对各种经济主体在产权关系中的权利、责任进行合理有效的组织控制的制度。现代企业管理制度具有以下四个方面的特点。

1. 产权清晰

现代企业是一种所有权和经营权相分离的企业组织形式。企业的所有权归企业的投资者所有，企业的投资者可以通过产权委托方式，将企业委托给职业经理人团队管理，由企业的职业管理人团队负责经营。因此，企业内部相互间关系的处理应以产权制度安排为基本依据。企业作为各所属单位的股东，根据产权关系享有作为终极股东的基本权利，特别是对所属单位的收益权、管理者的选择权、重大事项的决策权等。

2. 责任明确

现代企业是以产权关系作为依据的企业组织形式，通过建立完善的制度来明确相关责任人的责任，做到责任明确，事事有人负责。在现代企业管理中，更多的是通过完善的制度来处理企业的各项业务，约束经办人员和相关领导，明确各自的权限，在授权范围内开展业务，处理相关事项。

3. 政企分开

现代企业是顺应市场经济发展产生的，在市场经济下，企业是独立的主体，是自负盈亏的企业法人。政府是监管部门，负责监管市场、调控经济，为企业做好各项服务，但不得干预企业的正常生产活动。政企分开，是现代企业形成的前提条件。

4. 管理科学

按照现代企业制度的要求，企业财务管理体制必须以产权管理为核心，以财务管理为主线，以财务制度为依据，体现现代企业制度特别是现代企业产权制度管理的思想。

（二）决策权、执行权与监督权三权分立

现代企业是以产权关系作为依据的企业组织形式，应当执行科学管理，即企业的决策权、执行权、监督权三权分立，做到相互制约、相互促进。一般企业的决策权由股东会或董事会行使，执行权由经理人团队行使，监督权由监事会行使。实现三权分立，才能更好地管理企业，促进企业规范化、良性发展。

（三）财务综合管理和分层管理思想

现代企业管理是一种综合性、战略性的管理，企业财务管理不能简单认为是企业总部财务部门的财务管理，也不能简单认为是企业管辖的子公司、分支机构等财务部门的财务管理，它实质上是一种综合性、战略性管理。另外，财务管理也是一种分层的管理，不同层级的财务管理内容及手段是不一样的。

现代企业财务管理要求企业做到以下四点。

第一，从企业整体角度对企业的财务战略进行定位。

第二，对企业的财务管理行为进行统一规范，做到高层的决策结果能被低层战略经营单位完全执行。

第三，以制度管理代替个人的行为管理，从而保证企业管理的连续性。

第四，以现代企业财务分层管理思想指导具体的管理实践。

（四）与企业组织体制相对应

企业组织体制大体上有 U 型组织、H 型组织和 M 型组织三种形式。其中，U 型组织仅存在于产品简单、规模较小的企业，实行财务管理层级的集中控制；H 型组织实质上是企业集团的组织形式，子公司具有法人资格，分公司则是相对独立的利润核算中心；M 型组织由三个相互关联的层次组成，分别是由董事会和经理班子组成的最高决策层，由职能和支持、服务部门组成的战略研究和执行层，由围绕企业主导或核心业务组成的开发推广和信息反馈层。M 型组织是目前国际上大集团的管理体制的主流形式。

三、混合模式的财务管理体制的基本内容

集权模式与分权模式相结合的财务管理体制是现代企业普遍使用的，其关键是企业总部必须做到制度统一规范、资金集中管理、信息集成传输和人员委派制度。如果企业总部实现不了制度统一规范、资金集中管理、信息集成传输和人员委派制度，那么混合模式的财务管理体制就达不到预期的效果。在混合模式的财务管理体制中，应当集权管理的项目包括制度制定权、筹资权、投资权、用资权、担保权、固定资产购置权、财务机构设置权、收益分配权；分权管理的项目包括经营自主权、人员管理权、业务定价权、费用开支审批权。

(一）集权管理的项目

1. 制定制度权

企业总部根据国家法律法规和其他相关规定，结合企业自身的发展战略、内部经营管理的需要，制定统一规范的财务管理制度，在企业总部及其管辖的子公司、分支机构等统一执行。需要注意的是，企业管辖的子公司、分支机构等只有制度执行权，但其可以根据自身的实际情况制定实施细则和补充规定。

2. 筹资权

资金筹集是企业按照投资和日常经营活动等的需要，采用一系列的手段和方式筹措一定数额资金的活动。在集团企业中，为了使企业筹资风险最小，筹资成本最低，应当由企业总部统一部署、统一筹集资金。如企业管辖的子公司、分支机构等需要贷款，应当由企业总部集中统一联系金融机构办理贷款总额，企业管辖的子公司、分支机构等再分别办理贷款手续，按合同规定自行支付利息；如企业管辖的子公司、分支机构等需要发行短期商业票据，企业总部应当充分考虑，综合分析企业资金的占用情况，并保证到期时银行账户有足额的资金贴现，不能因为票据到期不能兑现而影响企业信誉。企业总部对管辖的子公司、分支机构等现金使用状况进行追踪审查，合理调配内部资金，提高资金使用效率。

3. 投资权

投资是一项风险性的经济活动，企业对外投资应当遵守成本效益性、分散风险性、安全性、整体性的原则。无论企业总部还是其管辖的子公司、分支机构等的对外投资都必须经过可行性分析、研究论证、决策等的过程。另外，必须有财务人员参加投资决策的过程，财务人员应当会同有关专业人员，通过仔细调查了解，开展可行性分析，预测今后若干年内市场变化趋势及可能发生风险的概率、投资该项目的建设期、投资回收期、投资回报率等，写出财务报告，提出建议，报送领导参考决策。

4. 用资、担保权

企业总部应加强资金使用的安全性管理，对大额资金的拨付要严格跟踪监督，建立完善的审批手续，并严格执行财务制度。因为企业管辖的子公司、分支机构等财务状况的好坏直接关系到企业所投入资本的保值和增值问题，同时因为资金受阻导致获利能力下降，会降低企业的投资报酬率。

企业担保不慎，会引起信用风险和违约责任。企业内部对外担保权应归企业总部集中管理，未经企业总部批准，企业管辖的子公司、分支机构等不得为其他企业提供担保，同时企业总部为其管辖的子公司、分支机构等提供担保应制定相应的审批程序。对过去的逾期未收货款，指定专人，统一步调，积极清理，谁经手，谁批准，由谁去收回货款，做到责任明确。

5. 固定资产购置权

固定资产具有占用金额大、使用期限长、难以变现等特点。因此，企业管辖的子公司、分支机构等需要购置大额固定资产时必须说明理由，提出申请报企业总部审批，经批准后方可购置。企业管辖的子公司、分支机构等的资金不得自行用于资本性支出，进行资本性支出，必须经过企业总部审批。

6. 财务机构设置权

企业管辖的子公司、分支机构等财务机构设置必须报企业总部批准。财务人员由企业总部统一招聘和调整，财务负责人或财务主管人员由企业总部统一委派。企业管辖的子公司、分支机构等的财务部门直接对企业总部负责，在企业总部的统一部署下开展财务工作。

7. 收益分配权

企业内部应统一收益分配制度，企业管辖的子公司、分支机构等应客观、真实、及时地反映其财务状况和经营成果。企业管辖的子公司、分支机构等的收益分配，属于法律法规明确规定的按规定分配，剩余部分由企业总部本着长远利益与现实利益相结合的原则，确定分配以及留存的比例。企业管辖的子公司、分支机构等留存的收益原则上可自行分配，但应报企业总部备案。

（二）分权管理的项目

1. 自主经营权

企业管辖的子公司、分支机构等负责人主持本企业的生产经营管理工作，组织实施年度经营计划，决定生产和销售，研究和考虑市场周围的环境，了解和关注同行业的经营情况和战略措施，按规定时间向企业总部汇报生产经营管理工作的情况。对突发的重大事件，要及时向企业总部汇报。

2. 人员招聘权及管理权

企业管辖的子公司、分支机构等的负责人有权任免下属管理人员，有权决定员工的聘用与辞退，企业总部原则上不应干预。但其财务人员的任免应报经企业总部批准或由企业总部统一委派。

3. 业务定价权

企业管辖的子公司、分支机构等所经营的业务均不相同，因此，业务的定价应由经营部门自行拟定，但必须遵守加速资金流转、保证经营质量、提高经济效益的原则。

4. 费用开支审批权

企业管辖的子公司、分支机构等在经营管理中必然发生各种费用，企业总部没必要进行集中管理，各所属单位在遵守财务制度的原则下，由其负责人批准各种合理的用于企业经营管理的费用开支。

任务二　财务管理环境的认知

实际工作中，企业受到的环境影响主要包括：经济环境、金融环境、法律环境和技术环境。

一、经济环境

经济环境，是指企业生存和发展所面临的外部经济因素，主要包括宏观经济政策、经济周期、通货膨胀、经济体制和市场发育程度等。经济环境是企业组织财务活动、处理财务关系中面临的重要环境，会直接或间接影响企业的财务活动及财务效果。

（一）宏观经济政策

宏观经济政策，是指国家在一定时期为了达到调控宏观经济效果而制定的一系列经济方面的政策，主要包括产业政策、财政政策、金融政策、税收政策、市场约束政策等。在实际工作中，国家制定的宏观经济政策对企业的筹资活动、投资活动、营运活动以及利润分配活动都有重大的影响，如积极的财政政策刺激市场，市场需求增加，有利于企业的发展；消极的财政政策压制市场行情，市场需求减少，不利于企业发展；中央银行规定的货币发行量、执行的行业信贷规模等都会影响企业的资本结构、筹资活动和投资活动等；行业价格政策会影响资本的投向、投资回收期和预期收益等。

宏观经济政策代表一定时期国家的经济调控方向和力度，企业按照国家的经济政策发展，会得到政策的扶持和补贴，促进企业发展；企业逆着国家的经济政策开拓业务，必然受到政策的调节或制裁，不利于企业发展。因此，企业应当组织财务人员积极研究国家的各项经济政策，把握国家的经济政策的走向、对行业的影响，并及时制定应对措施，响应国家的经济政策，争取获得政策扶持。

（二）经济周期

在市场经济条件下，经济的发展会呈现出有规律的变化，是不以人的意志为转移的。不管国家采用什么样的调控手段，都不可能完全避免出现过强或过弱的市场波动。经济周期是一种由繁荣、衰退、萧条、复苏再到繁荣的周期性的变化。经济的周期性波动对企业财务管理有着非常重要的影响。在不同的发展时期，企业的生产规模、销售业绩、获利能力、资本需求以及投资规模等都会出现明显的差异。例如，在经济萧条阶段，由于整个市场经济不景气，企业很可能处于紧缩状态之中，产量和销售量大幅度下降，投资锐减；在经济繁荣阶段，市场需求量增大，销售业绩大幅度上升，企业为扩大生产，需要增加投资，增添机器设备、存货和劳动力，这就要求财务人员迅速地筹集所需资金。总之，面对经济的周期性波动，财务人员必须有预见性地估计经济变化情况，适当调整财务策略。在复苏期和繁荣期，应该增加厂房、建立存货、引入新产品、增加劳动力、实行长期租赁，为"负债经营"提供条件；在衰退期和萧条期，应该停止扩张、出售多余设备、停产不利产品、停止长期采购、削减存货、裁减多余的员工。同时，为了维护基本的财务信誉，应该采用比较稳健的负债经营策略，避免高负债带来的财务风险。经济周期中的财务管理策略如表 2-1 所示。

表 2-1 经济周期中的财务管理策略

经济复苏	经济繁荣	经济衰退	经济萧条
增加厂房设备	扩充厂房设备	停止扩张	建立投资标准
实行长期租赁	继续建立存货	出售多余设备	保持市场份额
建立存货	提高产品价格	停产不利产品	压缩管理费用
开发新产品	开展营销规划	停止长期采购	放弃次要利益
增加劳动力	增加劳动力	削减存货	削减存货
		停止扩招雇员	裁减雇员

（三）通货膨胀

通货膨胀，是指一国或地区的货币流通量供大于求，导致市场上物品或劳务的价格持续上涨的现象。自从有了市场经济，通货膨胀就不断地出现在公众的视野，始终伴随着现代经济的发展而存在。通货膨胀是一种经济现象，只要在合理的范围内，对企业影响不大，但如果通货膨胀超过一定的幅度，就会对企业产生很大的负面影响，甚至会引发很多企业破产。因为，大幅度的通货膨胀会引起资本占用额度增加，加剧企业对资金的需求量，引发利率的大幅度上升、有价证券的价格的不断下降，增加企业筹资难度和筹资成本。另外，通货膨胀会引发企业虚增利润和资产，造成企业高估资产和收益，引发企业多缴税，最后导致资本流失。

企业应当重视通货膨胀，做好相关的准备工作，将通货膨胀引发的损失降到最低的程度。一般，在通货膨胀初期，货币面临着贬值的风险，这时企业进行投资可以避免贬值风险，实现资本保值；与供应商应签订长期购货合同，以减少物价上涨造成的损失；从债权人处获取长期负债，保持资金成本的稳定；在通货膨胀持续期，企业可以采用比较严格的信用条件，减少企业的应收款项；调整财务政策，防止和减少企业资本流失等。

（四）经济体制

经济体制，是指一国或地区所执行的关于经济运行与管理方面的方针政策，经济体制包括计划经济体制和市场经济体制。目前，我国执行的是市场经济体制。在计划经济体制下，国家统一安排企业资本规模、业务范围，统一投资、共享利润、共担亏损，企业实现利润统一上缴、企业发生亏损全部由国家补贴，企业无须单独筹资、投资、规划产品和服务。计划经济条件下，企业财务管理活动的内容、方法等都非常简单。在市场经济体制下，国家没有统一筹资、投资，由企业自己筹资、投资、规划产品和服务等，执行企业自负盈亏的经济模式。在市场经济体制下，企业有独立的经营权、筹资权、投资理财权等，企业可以根据自身的实际情况，估算一定时期内资本需求量，寻求合适的资本来源，筹集所需资本；根据企业的发展战略和经营目标，经过分析研究，将资本投放到可行性强的项目上获取收益；根据企业的具体情况制定合适的利润分配方案，给予企业投资者投资回报。在企业的管理中，财务管理活动的内容、方法等都呈现出多样化。在财务管理上，面临的内外环境更加复杂，对财务人员的素质要求更高。因此，在市场经济体制下，企业应当与时俱进、审时度势、勇于开拓创新，做好财务管理工作。

（五）市场发育程度

不同地区不同行业的市场发育程度是不同的，在发育程度不同的市场上，所面临的竞争、市场门槛、产品和服务质量等都是不一样的。企业应当根据市场发育程度，制定科学、合理、有效的财务管理方案，优化资源配置。企业所处的市场发育程度通常包括以下四种：完全垄断市场、完全竞争市场、不完全竞争市场和寡头垄断市场。不同的市场环境对财务管理有不同影响，对企业的财务决策有重大的影响。如处于完全垄断市场的企业，销售业绩非常好，价格波动不大且高于行业平均水平，利润稳中有升，可以获取垄断利润，经营风险较小，企业可利用较多的债务资本，获得杠杆效应；处于完全竞争市场的企业，竞争非常激烈，销售量不稳定，销售价格完全由市场来决定，利润随价格和销量的波动而波动，经营风险较大，企业不宜过多地采用负债方式去筹集资本，避免陷入债务困境；处于不完全竞争市场和寡头垄断市场的企业，关键是要使企业的产品和服务具有优势、具有特色、具有品牌效应，这就要求在研究与开发上投入大量资本，研制出新的优质产品，并搞好售后服务，给予优惠的信用条件。

二、金融市场环境

企业从事生产经营活动，需要开展筹资、投资、营运和利润分配活动，都涉及金融市场。金融市场不仅为企业筹资、投资等活动提供场所，还促进资本的合理流动和资源优化配置，是企业财务管理的直接环境。

（一）金融市场概述

金融市场，是指实现货币借贷与资本融通，办理各种票据和有价证券交易活动的总称，包括广义金融市场和狭义金融市场。其中，广义的金融市场是泛指一切金融交易，包括金融机构与客户之间、金融机构与金融机构之间、客户与客户之间所有的以资本为交易对象的金融活动；狭义的金融市场是指以票据和有价证券为交易对象的金融活动。本书所讲的金融市场是狭义的金融市场。

金融市场的构成要素主要包括以下四个方面。

1. 参与者

参与者，是指参与金融交易活动的所有单位和个人，凡是参与金融交易活动的单位和个人都属于参与者。金融市场最初的参与者主要是资本不足或资本盈余的单位、个人以及金融中介机构。随着金融市场的不断发展，现代金融市场的参与者已经几乎扩大到社会经济生活的各个方面，包括企业、个人、政府机构、中央银行、商业银行、证券公司、保险公司等。按照进入金融市场时的身份不同，可以将金融市场的参与者划分为资本提供者、资本需求者、金融中介机构和管理者。

由于市场经济的不断深入发展，金融市场越来越发达，提供越来越多的金融交易或金融服务。根据市场发展的规律，推动金融交易活动的力量来源于两个方面：一是参与者对利润的追求。资本提供者提供资本是为了获取稳定利息或股利；资本需求者筹措资本，是为了获取超过筹资成本的利润；中介机构提供服务，是为了获取手续费或赚取差价收入。参与者对利润的追求推动着资本的流通。二是参与者之间的相互竞争。资本需求者与资本供应者的竞争，资本需求者试图以最小的资金成本取得资本，而资本需求者之间的竞争又使得资金成本不会太低；资本提供者与需求者的竞争，资本提供者试图以最高的收益转让资本，而资本提供者之间的竞争又使这种收益不会过高。这种参与者之间的互相竞争引导着资本的流向和流量，从而使资本从效益低的部门流向效益高的部门，从而实现资本的优化配置。

2. 金融工具

金融工具，是指金融市场的交易对象。资本提供者与资本需求者对借贷资本数量、期限和利率的多样化的要求，决定了金融市场上金融工具的多样化。而多样化的金融工具不仅满足了资本提供者与资本需求者的不同需要，而且也由此形成了金融市场的细分市场。

3. 组织形式和管理方式

金融市场的组织形式主要有交易所交易和柜台交易两种，交易方式主要有现货交易、期货交易、期权交易、信用交易。金融市场的管理方式主要包括管理机构的日常管理、中央银行的间接管理以及国家的法律管理。

4. 内在调节机制

金融市场交易活动的正常进行还必须依赖健全的内在调节机制。内在调节机制，是指一个能够根据市场资本供应情况灵活调节利率高低的体系。在金融市场上，利率是资本商品的"价格"。利率的高低取决于社会平均利润率和资本供求关系，但是，利率又会对资本供求和资本流向起着重要的调节和引导作用。当资本供不应求时，利率上升，既加大了资本供应，又减少了资本需求；当资本供过于求时，利率下降，既减少了资本供应又加大了资本需求。因此，利率是金融市场上调节资本供求、引导资本合理流动的主杠杆。

（二）金融市场的种类

金融市场是由许多功能不同的具体市场构成的。对金融市场可以按不同的标准进行分类。

1. 按期限分类

金融市场按期限分为短期资本市场和长期资本市场。其中，短期资本市场又称货币市场，是指融资期限在一年以内的资本市场，包括同业拆借市场、票据市场、大额定期存单市场和短期债券市场；长期资本市场又称为资本市场，是指融资期限在一年以上的资本市场，包括股票市场和债券市场。

2. 按功能分类

金融市场按功能分为发行市场和流通市场。其中，发行市场又称为一级市场，它主要处理信用工具的发行与最初购买者之间的交易；流通市场又称为二级市场，它主要处理现有信用工具所有权转移和变现的交易。

3. 按融资对象分类

金融市场按融资对象分为资本市场、外汇市场和黄金市场。其中，资本市场以货币和资本为交易对象；外汇市场以各种外汇信用工具为对象；黄金市场则是集中进行黄金买卖和金币兑换的交易市场。

4. 按地域范围分类

金融市场按地域范围分为地方性金融市场、全国性金融市场和国际性金融市场。

（三）短期资本市场

短期资本市场，是指融资期限在一年以内的资本交易的总称，其主要功能是调节短期资本融通。短期资本市场主要有拆借市场、票据市场、大额定期存单市场和短期债券市场等。

1. 同行拆借市场

同行拆借市场，是指银行等金融机构进行同业之间短期性资本的借贷活动。这种交易一般没有固定的交易场所，主要通过电信、网络、移动支付等手段成交，期限按日计算，一般不超过一个月。

2. 票据市场

票据市场包括票据承兑市场和票据贴现市场。票据承兑市场是票据流通转让的基础，票据贴现市场是对未到期票据进行贴现，为客户提供短期资本融通。贴现市场包括贴现、再贴现和转贴现三种形式。

3. 大额定额存单市场

大额定额存单市场，是指一种买卖银行发行的可转让大额定期存单的交易活动。大额定期存单的买卖活动，集中了银行活期存款和定期存款的优点。对银行而言，它是定期存款；对投资者而言，既有较高的利息收入，又能及时变现，方式灵活，时间不固定，是一种很好的短期投资活动。

4. 短期债券市场

短期债券市场，是指主要买卖一年期以内的短期企业债券和政府债券的交易活动。短期债券的转让可以通过贴现或买卖的方式进行。短期债券以其信誉好、期限短、利率优惠等优点，成为短期资本市场中的重要金融工具之一。

（四）长期资本市场

长期资本市场，是指融资期限在一年以上的资本交易的总和，在西方国家被称为资本市场，其主要功能是引导长期资本投资。

1. 长期资本市场上的交易活动

长期资本市场上的交易活动由发行市场和流通市场构成。其中，发行市场，又称为一级市场，其活动围绕着有价证券的发行而展开。参与者主要是发行人和认购人，中介人作为受托人参与活动。

2. 长期资本市场上的交易组织形式

长期资本市场上的交易组织形式主要有证券交易所和柜台交易两种。其中，证券交易所，是指专门的、有组织的证券集中交易的场所。柜台交易，是指通过证券商所设立的专门柜台进行证券买卖，故又称店头市场。

3. 长期资本市场上的交易方式

长期资本市场上的交易方式包括现货交易、期货交易、期权交易和信用交易四种。其中，现货交易，是指成交约定 2~3 天内实现钱货两清的交易方式，即卖者交出证券，收回现款；买者交付现款，收到证券。期货交易，是指证券买卖双方成交以后，按契约中规定的价格、数量，经过一定时期后才进行交割的交易方式。其显著特点是：成交和交割不同步；交割时可以按清算方式相互轧抵，只需交割差额；交易中既有投资者又有投机者。期权交易，是指买卖双方按约定的价格在约定的时间，就是否买进或卖出证券而达成的契约交易。信用交易，是指投资者购买有价证券时只付一部分价款，其余的由经纪人垫付，经纪人从中收取利息。

三、法律环境

法律环境,是指由法律意识形态及其与之相适应的法律规范、法律制度、法律组织机构、法律设施所形成的有机整体。市场经济是以法律规范和市场规则为特征的经济制度。法律为企业经营活动规定了活动空间,也为企业在相应空间内自主经营管理提供了法律上的保护。

(一)企业组织法规

企业是市场经济的主体,不同组织形式的企业所适用的法律是不同的。企业可以划分为个人独资企业、合伙企业和公司制企业。

1. 个人独资企业

个人独资企业,是指由业主个人出资经营、归个人所有和控制、由个人承担经营风险和享有全部经营收益的企业。个人独资企业的出资人既是所有者,也是经营管理者。个人独资企业具有设立和解散容易、经营方式灵活多样、收益归业主、不具有法律地位、对企业的债务承担无限责任的特点。个人独资企业财务管理的内容十分简单,其资本的投放和回收都是业主自行决定,方便灵活。

2. 合伙企业

合伙企业,是指由两个或两个以上的投资人共同出资成立、共同经营、共负盈亏的企业组织。合伙企业通过合伙协议来明确合伙企业的具体事项,包括合伙企业的存续时间、合伙企业的管理、利益的分配、责任的分担等。合伙协议是合伙企业最具有约束力的文件。合伙企业的合伙人对合伙企业的债务承担无限连带责任。

3. 公司制企业

公司,是指由两个或两个以上的股东出资设立的,以盈利为目的的企业法人组织。公司的设立必须符合《公司法》的有关规定,公司的每个股东以其认缴的出资额或认购的股份对公司承担有限责任,公司以其全部资产对其债务承担有限责任。我国的公司制企业主要包括有限责任公司和股份有限公司。

(二)税收法规

税法是税收法律制度的总称,是调整税收征纳关系的法律规范。税收既有调节社会总供给与总需求、经济结构,维护国家主权和利益等宏观经济作用,又有保护企业经济实体地位、促进公平竞争、改善经营管理和提高经济效益等微观作用。税收对企业的经营活动具有重要的影响,尤其是对财务管理的影响尤为明显。

在实际工作中,税收对财务管理的影响具体表现为以下几个方面。

1. 影响企业融资决策

按照我国现行所得税制度,企业借款利息不高于金融机构同类同期贷款利息的部分，可在所得税前予以扣除，从而减少了企业的应纳税所得额。其他融资方式则无此优势，如发行股票筹集的资本、股利支出不得抵扣所得税。

2. 影响企业投资决策

企业的投资活动，包括对外投资、对内投资和企业设立分公司、子公司的投资。企业投资成立的企业形式不同，规模不同，投资行业不同，投资区域不同，都会面临着不同的税收政策。

3. 影响企业现金流量

税收有强制性、无偿性和固定性三个特征，企业向税务机关纳税是其应尽的义务，并且要按税法的有关规定及时上缴。缴纳税费必然增加企业现金流出量，这要求企业在进行财务管理时做好税收筹划，合理筹集所需要的资金，保证资金供给充足，通过合理的税收筹划，调整纳税时间，延缓纳税，减少现金流量过度集中流出，降低企业的财务负担。

4. 影响企业利润

税收体现着国家与企业对利润的分配关系。税率的变动与利润的变动成反比，在一定时期内企业承担的税负增加，则利润必然减少。税率的变更对利润有直接影响，税率的上升或下降会使企业利润减少或增加。因此，财务人员应当加强研究，充分掌握企业面临的各项税费，对税率的变动带来的影响做好预测和准备。

5. 影响企业利润分配

公司制企业的股利分配政策不仅影响股东的个人所得，而且影响公司的现金流量，股东获得的现金股利需缴纳个人所得税，如果公司将盈利留在企业作为内部留存收益，股东可以不缴个人所得税，减少股东的税负，股利留存在企业，通过后续股价上涨获得资本利得，从而实现合理避税的目标。

（三）财务法规

企业财务法规制度是规范企业财务活动、调整企业财务关系的行为准则。企业财务法规有利于规范企业的生产经营活动。

我国现行的企业财务管理法规制度，包括以下三个层次。

1. 企业财务通则

企业财务通则是设立在我国境内各类企业财务活动必须遵循的基本原则和规范，是财务规范体系中的基本法规。在财务法规制度体系中起着主导作用。财务通则的制定与实施是我国市场经济发展的需要，也是我国财务制度与国际通行财务制度相衔接的需要。

财务通则是制定行业财务制度和企业财务制度的根据。各行业财务制度和企业内部财务制度都是在财务通则确定的共同原则与规范的基础上，结合行业与企业特点而制定的，从而保证了财务制度的科学性和逻辑性。

2. 行业财务制度

行业财务制度，是指根据财务通则的规定和要求，结合行业的实际情况，充分体现行业的特点和管理要求而制定的财务制度。行业财务制度是财务通则的原则规定与各行业财务活动特点相结合的产物，其在整个财务法规制度体系中起基础作用。

3. 企业内部财务制度

企业内部财务制度是由企业管理当局制定的用来规范企业内部财务行为、处理企业内部财务关系的具体规则，其在财务法规制度体系中起着补充作用。

四、技术环境

技术环境，是指财务管理得以实现的技术手段和技术条件，它决定着财务管理的效率和效果。目前，我国进行财务管理所依据的会计信息是由会计系统提供的，占企业经济信息总量的 70%~80%。在企业内部，会计信息主要是提供给管理层决策使用，而在企业外部，会计信息则主要是为企业的投资者、债权人等提供服务。

目前，我国正全面推进会计信息化工作，力争通过 5~10 年的努力，建立健全会计信息化法规体系和会计信息化标准体系，全力打造会计信息化人才队伍，基本实现大型企事业单位会计信息化与经营管理信息化的融合，进一步提升企事业单位的管理水平和风险防范能力，做到数出一门、资源共享，便于不同信息使用者获取、分析和利用，进行投资和相关决策；基本实现大型会计师事务所采用信息化手段对客户的财务报告和内部控制进行审计，进一步提升社会审计质量和效率；基本实现政府会计管理和会计监督的信息化，进一步提升会计管理水平和监管效能。通过全面推进会计信息化工作，使我国的会计信息化达到或接近世界先进水平。我国企业会计信息化的全面推进，必将促使企业财务管理的技术环境进一步完善和优化。

随着"互联网＋财务"模式、人工智能的不断深入发展，财务管理应用的计算平台不断更新，财务管理的手段和效果得到前所未有的提高，有助于将财务管理人员从烦琐的数据中解放出来，将精力投放到内部管理以及企业财务战略上。

项目小结

本项目主要内容包括财务管理体制的概述（财务管理体制的概念，企业财务管理体制的模式）、企业财务管理体制的设计（与现代企业管理制度相适应，决策权、执行权与监督权三者分立，财务综合管理和分层管理思想）、混合模式的财务管理体制的基本内容（集权管理的项目，分权管理的项目）；经济环境（宏观经济政策、经济周期、通货膨胀、经济体制、市场发育程度）、金融市场环境（金融市场概述、金融市场的种类、短期资本市场、长期资本市场、金融市场对财务管理的影响）、法律环境（企业组织法规、税收法规、财务法规）、技术环境。

习题与实训

扫描二维码答题

项目三　财务管理的价值观

学习目标

了解风险的种类、投资风险与报酬的关系；

理解资金时间价值的内涵和表达形式；

掌握复利终值、复利现值的计算，年金终值、年金现值的计算，风险衡量的方法。

引例

张教授的选择

张教授是行业顶尖级专家，一日接到知名企业 M 公司的邀请函，邀请他作为公司的顾问，指导企业的经营管理活动。邀请函的具体条件如下。

（1）每个月来公司指导工作 4 天。

（2）每年薪金 10 万元。

（3）赠送公司在 A 市的住房一套，价值 50 万元。

（4）在公司至少工作 6 年。

张教授对以上工作待遇很感兴趣，对 M 公司的经营管理也很有研究，决定应聘。但他不想接受住房，因为每月工作 4 天，只需要住酒店就可以了，这样住房没有专人照顾，因此他向 M 公司提出，能否将住房改为住房补贴。M 公司研究了张教授的要求，决定可以在今后 6 年里每年年初给张教授支付 15 万元住房补贴。收到 M 公司通知后，张教授又犹豫起来，因为如果向 M 公司要住房，期满后可以将其出售，扣除相关交易税费和手续费后，考虑住房升值因素，预计可以获得 70 万元，而若接受房贴，则每年年初可获得 15 万元。假设每年存款利率为 4%，则张教授应该如何选择？

通过上述引例，让你对资金的时间价值有一个初步的认识和了解，结合本章内容，让你进一步掌握资金时间价值以及风险报酬的概念。

任务一　资金时间价值的认知

一、资金时间价值的概述

在实际工作中，经常会遇到这样的现象：一定量的资金在不同时点上具有不同价值，现在的 1 元钱比将来的 1 元钱更值钱。如我们现在有 10 000 元，存入银行，银行的年利率为 2%，1 年后可得到 10 200 元，于是现在 10 000 元与 1 年后的 10 200 元相等。因为这 10 000 元经过 1 年的时间增值了 200 元，这增值的 200 元就是资金经过 1 年时间的价值。同样企业的资金投到生产经营中，经过生产过程的不断运行，资金的不断运动，随着时间的推移，会形成新的价值，使资金得以增值。因此，一定量的资金投入生产流通环节，会取得一定利润和利息，从而产生资金时间价值。

（一）资金时间价值的概念

资金时间价值也称为货币时间价值，是指一定数额的资金在不同时点上所体现的价值差额，即资金在流通过程中会随着时间的推移而发生价值增值。纵观企业的发展，资金在投入、运用和收回的环节中，相同数额的资金不同时点上价值是不同的，形成了资金的价值差额，表现为资金时间价值。一般情况下，资金时间价值相当于没有风险和通货膨胀情况下的社会平均利润率。

（二）资金时间价值产生的原因

1. 资金时间价值体现货币资源的稀缺性

经济和社会的发展要消耗社会资源，现有的社会资源构成现存社会财富，利用这些社会资源创造出来的物质和文化产品构成了将来的社会财富，由于社会资源具有稀缺性特征，又能够带来更多社会产品，所以现在物品的效用要高于未来物品的效用。在货币经济条件下，货币是商品的价值体现，现在的货币用于支配现在的商品，将来的货币用于支配将来的商品，所以现在货币的价值自然高于未来货币的价值。市场利息率是对平均经济增长和社会资源稀缺性的反映，也是衡量货币时间价值的标准。

2. 货币时间价值是流通货币固有的特征

在目前的信用货币制度下，流通中的货币由中央银行基础货币和商业银行体系派生存款共同构成。由于信用货币有增加的趋势，所以货币贬值、通货膨胀成为一种普遍现象，现有货币也总是在价值上高于未来货币。市场利息率是可贷资金状况和通货膨胀水平的反映，反映了货币价值随时间的推移而不断降低的程度。

3. 货币时间价值是人们认知心理的反映

由于认识上的局限性，人们总是对现存事物的感知能力较强，而对未来事物的认识较模糊，结果人们存在一种普遍的心理就是比较重视现在而忽视未来，现在的货币能够支配现在商品和服务满足人们现实需要，而将来的货币只能支配将来商品和服务满足人们将来不确定的需要，所以现在单位货币价值要高于未来单位货币的价值。若使人们放弃现在货币及其价值，必须付出一定代价，利息率便是这一代价。

4. 资金时间价值产生的条件是借贷关系

市场经济的高度发展和借贷关系的普遍存在，出现了资金使用权与所有权的分离，资金的所有者把资金使用权转让给使用者，使用者必须把资金增值的一部分支付给资金的所有者作为报酬。资金占用的金额越大，使用的时间越长，所有者所要求的报酬就越高，而资金在周转过程中的价值增值是资金时间价值产生的根本源泉。

二、资金时间价值的计算

资金时间价值可用绝对数和相对数两种形式表示，实际工作中，一般用相对数表示。资金时间价值实际上是在没有风险和没有通货膨胀条件下的社会平均资金利润率，是企业资金利润率的最低限度，也是使用资金的最低成本率。

由于资金在不同时点上具有不同的价值，不同时点上的资金就不能直接比较，必须换算到相同的时点上，才能比较。因此掌握资金时间价值的计算方法就很重要。资金时间价值的计算包括一次性收付款项和非一次性收付款项（年金）的终值、现值。

（一）一次性收付款项的终值和现值

一次性收付款项，是指在某一特定时点上一次性支出或收入，经过一段时间后再一次性收回或支出的款项。如现在将 10 000 元的现金存入银行，3 年后一次性取出本利和。资金时间价值包括现值的计算和终值的计算。其中，现值又称本金，是指未来某一时点上的一定数额的现金折算到现在的价值；终值又称未来价值或本利和，是指现在一定量的现金在将来某一时点上的价值。

1. 单利的现值和终值

单利，是指只对本金计算利息，利息部分不再计息，用 P 表示现值，F 表示终值，i 表示利率（贴现率、折现率），n 表示计算利息的期数，I 表示利息。

单利计息的现值计算公式为：

$$P=F \div (1+i \times n) \qquad (3-1)$$

单利计息的终值计算公式为：

$$F=P \times (1+i \times n) \qquad (3-2)$$

其中，$I=P \times i \times n$。

例题【3-1】 2024 年 1 月 1 日，张大叔希望 5 年后获得 1 000 000 元本利和，银行利率为 5%，请问张大叔现在须存入银行多少资金？

解：$P=F\div(1+i\times n)$

$\quad=1\,000\,000\div(1+5\%\times 5)=800\,000$（元）

例题【3-2】 2024年1月1日，张大宝将一笔500 000元的现金存入银行，银行存款的利率为5%（单利计息），不考虑其他因素，2025年1月1日、2026年1月1日该存款的终值与利息分别是多少。

解：$I_1=P\times i\times n=500\,000\times 5\%\times 1=25\,000$（元）

$\quad I_2=P\times i\times n=500\,000\times 5\%\times 2=50\,000$（元）

$\quad F_1=P\times(1+i\times n)=500\,000\times(1+5\%\times 1)=525\,000$（元）

$\quad F_2=P\times(1+i\times n)=500\,000\times(1+5\%\times 2)=550\,000$（元）

注意：在单利计息条件下，只对本金计算利息，不对利息再计算利息，由例题【3-2】可以得到验证。另外，如果无特殊说明，本书给出的利率均为年利率。

2. 复利的现值和终值

复利，是指在利息计算中，不仅要对本金计算利息，还要对本金所生的利息再计算利息，俗称为"利滚利"或"滚雪球"。

（1）复利的终值，是指一定数额的本金按照复利计算，经过若干年后的本金与利息之和。复利终值的计算公式如下：

$$F=P\times(1+i)^n \qquad (3-3)$$

式（3-3）中$(1+i)^n$称为"复利终值系数"或"1元复利终值系数"，用符号$(F/P, i, n)$表示，复利终值系数的对应数值可以通过查阅1元复利终值表获得。

例题【3-3】 2024年1月1日，张老师将5 000元存入银行，假设银行存款年利率为5%（复利计息），不考虑其他因素。

要求：

计算2025年1月1日，张老师存款的本金与利息之和；计算2026年1月1日，张老师存款的本金与利息之和。

解：2025年1月1日的本金与利息之和的计算为：

$F=P\times(1+i)^1$

$\quad=5\,000\times(F/P, 5\%, 1)$

$\quad=5\,000\times 1.05=5\,250$（元）

2026年1月1日的本金与利息之和的计算为：

$F=P\times(1+i)^2$

$\quad=5\,000\times(F/P, 5\%, 2)$

$\quad=5\,000\times 1.102\,5=5\,512.5$（元）

注意：以上计算中$(F/P, 5\%, 2)$表示年利率为5%，期限为2年的复利终值系数,在复利终值表上,我们可以从横行中找到利息5%,纵列中找到期数2年,纵横相交处,可查到(F/P,5%,2)的数值为1.102 5。该系数表明,在年利率为5%的条件下,现在的1元与2年后的1.102 5元相等。

通过将相同数额的本金存入银行,在单利计息条件下的终值与复利计息条件下的终值比较,得出的结论是:在第一年,单利计息条件下的终值和复利计息条件下终值是相等的;在第二年,单利计息条件下的终值和复利计息条件下的终值就不相等,两者相差5 512.5–5 500=12.5元,这是因为第一年本金所生的利息在第二年也要计算利息,即250×5%=12.5(元)。因此,同样的本金,在复利计息条件下,从第二次计息时间开始,其终值要比同样条件下的单利计息终值要高,原因是利息再计算利息。

(2)复利现值,是指在未来某一特定时间取得或支出一定数额的资金,按复利的条件折算到现在的金额。

复利现值的计算公式为:

$$P=F\div(1+i)^n=F\times(1+i)^{-n} \qquad (3-4)$$

式(3-4)中的$(1+i)^{-n}$称为"复利现值系数"或"1元复利现值系数",用符号$(P/F,i,n)$表示,复利现值系数的对应数值可以通过查阅1元复利现值表获得。

例题【3–4】 张老师希望5年后获得100 000元的本金和利息,假设银行利率为5%(复利计息),要求:计算张老师现在应该存多少资金入银行。

解:$P=F\times(1+i)^{-n}$

$=F\times(P/F,5\%,5)$

$=100\ 000\times 0.783\ 5$

$=78\ 350$(元)

其中,$(P/F,5\%,5)$表示年利率为5%,期限为5年的复利现值系数。在复利现值表上,从横行中找到利率5%,纵列中找到期限5年,两者相交处,可查到$(P/F,5\%,5)$的数值为0.783 5。该系数表明,在年利率为5%的条件下,5年后的1元与现在的0.783 5元相等。

(3)复利利息,是指在复利计息条件下计算一定会计期间取得或支出一定数额的资金所对应的利息数额。

复利计息条件下的利息计算公式为:

$$I=F-P \qquad (3-5)$$

例题【3–5】 张老师希望5年后获得100 000元的本金和利息,现在存入银行78 350元,要求:计算张老师存入银行资金的利息总额是多少。

解:$I=F-P$

$=100\ 000-78\ 350=21\ 650$(元)

3. 名义利率和实际利率

在实际计算利息过程中，有些利息是一年计算一次，有些利息是一年计算很多次。在一般的利息计算中，所涉及的利率均假设为年利率，并且每年只复利一次，但是，在特殊业务中，复利的计算期不一定是一年，有的是半年、有的是一个季度、有的是一个月甚至是一天复利一次。因此，在计算利息时，应当区分名义利率和实际利率。

名义利率，是指利息在一年内要复利几次时，给出的年利率称名义利率，用 r 表示，根据名义利率计算出的每年复利一次的年利率称实际利率，用 i 表示。

实际利率计算公式为：

$$i=(1+r\div m)^m-1 \qquad (3-6)$$

一年内多次复利计息的本金与利息之和的计算方法有如下两种。

第一种方法：先计算实际利率 $i=(1+r\div m)^m-1$；然后直接将实际利率套入复利终值的计算公式 $F=P\times(1+i)^n$，就可以计算出一定数额的资金经过一定会计期间后的本金与利息之和。

第二种方法：直接运用公式 $F=P\times(1+r\div m)^{m\times n}$，计算出一定数额的资金经过一定会计期间后的本金与利息之和。

注意：上述公式中的 m 为每年复利的次数，n 为计息的年数。

例题【3-6】 张老师于2024年1月1日在银行存入100 000元，假设年利率为5%，每季度复利一次，不考虑其他因素。要求：计算2026年1月1日到期的本金与利息之和。

解：将名义利率折算成实际利率，

$i=(1+r\div m)^m-1$

$=(1+5\%\div 4)^4-1$

$=5.09\%$

运用复利终值系数公式计算本金与利息之和，

$F=P\times(1+i)^n$

$=100\,000\times(1+5.09\%)^2$

$=110\,439.1（元）$

或者

$F=P\times(1+r\div m)^{m\times n}$

$=100\,000\times(1+5\%\div 4)^{2\times 4}$

$=100\,000\times(1+0.012\,5)^8$

$=110\,448.6（元）$

（二）非一次性收付款项的终值和现值

非一次性收付款项，是指在一定期间内资金不是一次性收到或支付，是经过多次等额或者不等额收到或支付的款项。其中，在一定时期内，间隔相同的时间长度，收入或支出相同金额的系列款项称为年金。

在企业的实际业务中，经常会出现间隔相同的时间长度，收入或支出相同金额的系列款项的情况，如折旧、租金、等额分期付款、养老金、保险费、零存整取等。年金具有连续性和等额性特点。连续性要求在一定时间内，间隔相等时间就要发生一次收支业务，中间不得中断，必须形成系列。等额性要求每期收付款项的金额必须相等。

年金根据每次收付发生的时点不同，可分为普通年金、预付年金、递延年金和永续年金四种。需要注意的是，在财务管理中，讲到年金，一般是指普通年金。

1. 普通年金

普通年金，是指在每期的期末，间隔相等时间内收到或支付相等金额的系列款项。每一间隔期，有期初和期末两个时点。由于普通年金是在期末这个时点上发生收付，故又称后付年金。

（1）普通年金终值，是指每期期末收到或支付的相等金额的系列款项，在复利计息的条件下，到最后一期累计的本金与利息。每期期末（期初）收到或支付的款项用 A 表示，利率用 i 表示，计算期用 n 表示。那么每期期末收到或支付的款项，折算到第 n 年年末的终值如图 3–1 所示。

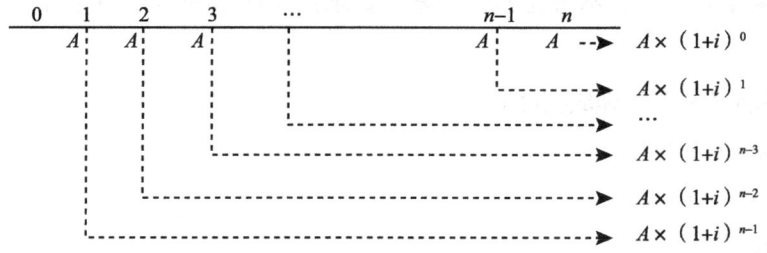

图 3–1 普通年金终值

由图 3–1 可知，第 n 年的年金终值 F_A 为：

$$F_A = A \times (1+i)^0 + A \times (1+i)^1 + \cdots + A \times (1+i)^{n-3} + A \times (1+i)^{n-2} + A \times (1+i)^{n-1}$$

经过公式推导可得：

$$F_A = A \times [(1+i)^n - 1] \div i \qquad (3\text{–}7)$$

其中，$[(1+i)^n - 1] \div i$ 称为"年金终值系数"，符号为 $(F/A, i, n)$；表示年金为 1 元、利率为 i、经过 n 期的复利后的累计本金和利息是多少，年金终值系数可以通过查看 1 元年金终值表得到数据。

例题【3–7】 张老师连续 5 年每年年末存入银行 100 000 元，利率为 5%，不考虑其他因素。要求:计算第 5 年年末的本利和。

解:$F_A = A \times (F/A,\ 5\%,\ 5)$

　　　$= 100\ 000 \times 5.525\ 6$

　　　$= 552\ 560$(元)

(2)普通年金现值,是指一定时期内每期期末等额收付款项的复利现值之和。实际上是为了在每期期末取得或支出相等金额的款项,现在需要一次投入或借入多少金额,年金现值用 P_A 表示。普通年金现值如图 3-2 所示。

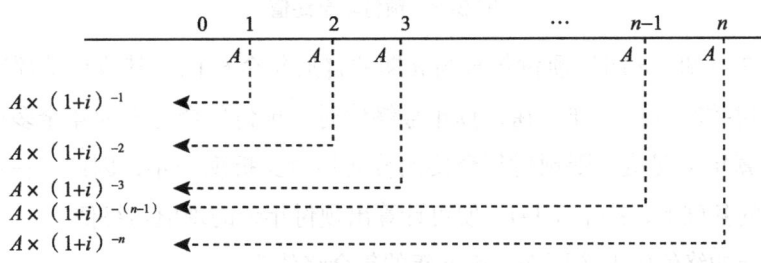

图 3-2　普通年金现值

由图 3-2 可知,n 年的年金现值之和为:

$P_A = A \times (1+i)^{-1} + A \times (1+i)^{-2} + A \times (1+i)^{-3} + \cdots + A \times (1+i)^{-(n-1)} + A \times (1+i)^{-n}$

经过公式推导可得:

$$P_A = A \times [1-(1+i)^{-n}] \div i \qquad (3-8)$$

$[1-(1+i)^{-n}] \div i$ 称为"年金现值系数"或"1元年金现值系数",记作$(P/A,\ i,\ n)$,表示年金 1 元,利率为 i,经过 n 期的年金现值是多少,可通过查询 1 元年金现值表得到数据。

例题【3-8】 张老师希望每年年末取得 100 000 元,连续取 5 年,银行利率为 5%,不考虑其他因素。要求计算:第一年年初应一次性存入银行多少钱。

解:$P_A = A \times (P/A,\ i,\ n)$

　　　$= 100\ 000 \times (P/A,\ 5\%,\ 5)$

　　　$= 100\ 000 \times 4.329\ 5$

　　　$= 432\ 950$(元)

2. 预付年金

预付年金,是指每期收入或支付相等金额的款项是发生在每期的期初,而不是期末,也称先付年金或即付年金。预付年金与普通年金的区别在于收付款的时点不同,因为普通年金在每期的期末收付款项,而预付年金在每期的期初收付款项。

(1)预付年金终值,是指每期期初收付款项的复利终值之和。预付年金终值如图 3-3 所示。

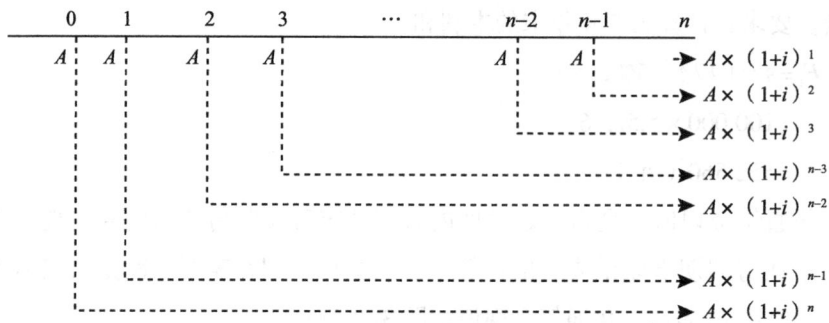

图 3-3 预付年金终值

由图 3-3 可知，n 期的预付年金与 n 期的普通年金相比，其收付款项次数是一样的，只是收付款时点不一样。在计算年金终值时，预付年金比普通年金多计算一年的利息；如计算年金现值，则预付年金要比普通年金少折现一年，因此，在普通年金的现值、终值的基础上，乘上 $(1+i)$ 便可计算出预付年金的现值与终值。

预付年金的终值由上图可知，第 n 年的年金终值为：

$$F_A = A \times (1+i)^1 + A \times (1+i)^2 + A \times (1+i)^3 + \cdots + A \times (1+i)^{n-3} + A \times (1+i)^{n-2} + A \times (1+i)^{n-1} + A \times (1+i)^n$$

经过公式推导可得：

$$F_A = A \times [(1+i)^n - 1] \times (1+i) \div i = A \times \{[(1+i)^{n+1} - 1] \div i - 1\} \quad (3-9)$$

其中，$\{[(1+i)^{n+1}-1] \div i - 1\}$ 称"预付年金系数"，记作 $[(F/A, i, n+1) - 1]$，可利用普通年金终值表查得 $(n+1)$ 期的终值，然后减去 1，就可得到 1 元预付年金终值。

例题【3-9】 张老师连续 5 年每年年初存入银行 100 000 元，利率为 5%，不考虑其他因素。要求：计算第 5 年年末的本利和。

解：$F_A = A \times [(F/A, i, n+1) - 1]$
$= 100\,000 \times [(F/A, 5\%, 5+1) - 1]$
$= 100\,000 \times (6.801\,9 - 1)$
$= 580\,190$（元）

（2）预付年金的现值，是指一定时期内每期期初等额收付款项的复利现值之和。实际上就是指为了在每期期初取得或支付相等金额的款项，现在需要一次投入或借入多少金额，年金现值用 P_A 表示，预付年金现值如图 3-4 所示。

由图 3-4 可知，n 年的年金现值之和为：

$$P_A = A \times (1+i)^0 + A \times (1+i)^{-1} + A \times (1+i)^{-2} + \cdots + A \times (1+i)^{-(n-2)} + A \times (1+i)^{-(n-1)}$$

经过公式推导可得：

$$P_A = A \times [1-(1+i)^{-n}] \times (1+i) \div i = A \times \{[1-(1+i)^{-(n-1)}] \div i + 1\} \quad (3-10)$$

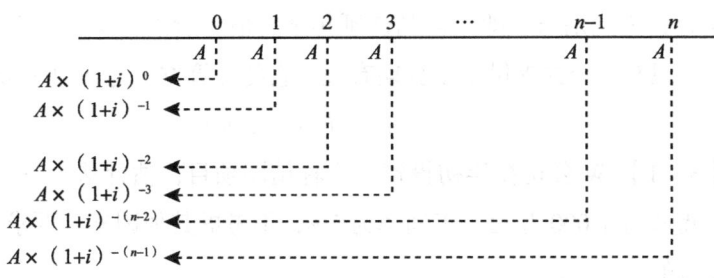

图 3-4 预付年金现值

$\{[1-(1+i)^{-(n-1)}]\div i+1\}$ 称"预付年金现值系数",记作 $[(P/A, i, n-1)+1]$,可利用普通年金现值表查得 ($n-1$) 期的现值,然后加上 1,就可得到 1 元预付年金现值。

例题【3-10】 张老师希望每年年初取得 100 000 元,连续取 5 年,银行利率为 5%,不考虑其他因素。要求计算:第一年年初应一次性存入银行多少钱。

$P_A = A \times [(P/A, i, n-1)+1]$

$= 100\ 000 \times [(P/A, 5\%, 5-1)+1]$

$= 100\ 000 \times (3.546\ 0+1)$

$= 454\ 600 \text{(元)}$

3. 递延年金

递延年金,是指第一次收付款项发生在第二期或第二期以后的年金,它是普通年金的特殊形式。因此,凡是不在第一期开始收付的年金,称为递延年金。递延年金与普通年金对比如图 3-5 所示。

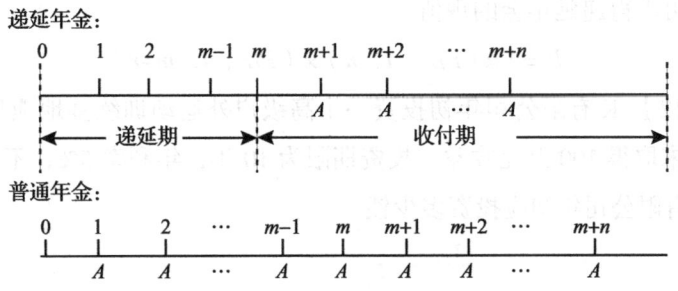

图 3-5 递延年金与普通年金对比

由图 3-5 可知,递延年金的第一次年金收付没有发生在第一期,而是隔了 m 期 (m 期就是递延期),在第 $m+1$ 期的期末才发生第一次收付,并且在以后的 n 期内,每期期末均发生等额的现金收支。与普通年金相比,尽管期限一样,都是 $m+n$ 期,但普通年金在 $m+n$ 期内,每个期末都要发生收付,而递延年金在 $m+n$ 期内,只在后 n 期发生收支,前 m 期无收支发生。

(1) 递延年金的终值。在图 3-5 中,先不看递延期,年金一共支付了 n 期。只要

将这 n 期年金折算到期末，即可得到递延年金终值。所以，递延年金终值的大小，与递延期无关，只与年金共支付了多少期有关，它的计算方法与普通年金相同。

$$F_A = A \times (F/A, i, n) \quad (3-11)$$

例题【3-11】 W 公司在年初投资一个种植园项目，估计从第三年开始至第八年，每年年末可得收益 1 000 万元，年利率为 5%，不考虑其他因素。要求：计算该种植园项目 6 年收益的本利和。

解：$F_A = A \times (F/A, i, n)$
$\quad\quad = 1\,000 \times (F/A, 5\%, 6)$
$\quad\quad = 1\,000 \times 6.801\,9$
$\quad\quad = 6\,801.9$（万元）

（2）递延年金的现值。递延年金的现值可用三种方法来计算。

第一种方法：把递延年金视为 n 期的普通年金，求出年金在递延期期末 m 点的现值，再将 m 点的现值通过复利现值系数计算调整到第一期期初。

$$P_A = A \times (P/A, i, n) \times (P/F, i, m) \quad (3-12)$$

第二种方法：先假设递延期也发生收付，则变成一个 $m+n$ 期的普通年金，算出 $m+n$ 期的年金现值，再扣除并未发生年金收支的 m 期递延期的年金现值，即可求得递延年金现值。

$$P_A = A \times [(P/A, i, m+n) - (P/A, i, m)] \quad (3-13)$$

第三种方法：先算出递延年金的终值，再将终值通过复利现值系数计算折算到第一期期初，即可求得递延年金的现值。

$$P_A = A \times (F/A, i, n) \times (P/F, i, m+n) \quad (3-14)$$

例题【3-12】 K 有限公司年初投资一个高级户外运动训练基地项目，预计从第 5 年开始每年年末取得 100 万元收益，投资期限为 10 年，年利率 5%，不考虑其他因素。要求计算：K 有限公司年初应投资多少钱。

解：

方法一：$P_A = A \times (P/A, i, n) \times (P/F, i, m)$
$\quad\quad\quad = 100 \times (P/A, 5\%, 6) \times (P/F, 5\%, 4)$
$\quad\quad\quad = 100 \times 5.075\,7 \times 0.822\,7$
$\quad\quad\quad = 417.6$（万元）

方法二：$P_A = A \times [(P/A, i, m+n) - (P/A, i, m)]$
$\quad\quad\quad = 100 \times [(P/A, 5\%, 10) - (P/A, 5\%, 4)]$
$\quad\quad\quad = 100 \times (7.721\,7 - 3.546\,0)$
$\quad\quad\quad = 417.6$（万元）

方法三：$P_A = A \times (F/A, i, n) \times (P/F, i, m+n)$

$\qquad = 100 \times (F/A, 5\%, 6) \times (P/F, 5\%, 10)$

$\qquad = 100 \times 6.8019 \times 0.6139$

$\qquad = 417.6$（万元）

4. 永续年金

永续年金，是指无限期的收入或支付相等金额的年金，也称永久年金，它是普通年金的一种特殊形式。由于永续年金的期限趋于无限长，没有终止时间，因而永续年金没有终值，只有现值。永续年金的现值计算公式为：

$$P_A = A \times [1-(1+i)^{-n}] \div i$$

当 $n \rightarrow +\infty$ 时，$(1+i)^{-n} \rightarrow 0$，$P_A = A \div i$ （3-15）

例题【3-13】 K有限公司计划建立一项永久性希望工程基金，计划每年拿出500万元帮助山区贫困儿童，年利率为5%，不考虑其他因素。要求计算：K有限公司现在应投入多少钱。

解：$P_A = A \div i$

$\qquad = 500 \div 5\%$

$\qquad = 10\,000$（万元）

任务二　风险与报酬的认知

一、风险的概念

风险，是指在特定条件下执行某一项活动具有多种可能，但其结果具有不确定性。风险的产生是缺乏信息和决策者不能控制未来事物的发展过程而引起的。风险具有多样性和不确定性，对于风险，可以事先估计可能出现的各种结果，以及每种结果出现的概率大小，但无法确定最终结果。

风险是客观的、普遍的，广泛存在于企业的财务活动中，并影响着企业的财务目标。由于企业的财务活动经常是在有风险的情况下进行的，各种难以预料和无法控制的因素，可能使企业面临风险，蒙受损失。实际工作中，如果只有损失没有收益，没人愿意去冒风险，企业冒着风险投资的最终目的是得到额外收益。因此，风险不仅会带来预期的损失，还可能带来预期的收益。

二、风险的类型

（一）系统风险

系统风险也称市场风险，是指在一定时期内影响到市场上所有公司的风险。系统风险由公司外部的某一个因素或多个因素引起，单个公司无法通过管理手段控制、无法通过投资组合分散，波及市场上所有的投资对象。常见的系统风险有政局波动、战争、自然灾害、利率的变化、经济周期的变化等。

（二）非系统风险

非系统风险，是指在一定时期内影响到市场上个别公司的风险。非系统风险实际上是因为某个影响因素或事件造成的只影响个别公司的风险。非系统风险是随机发生的，只与个别公司和个别项目决策有关。因此，非系统风险可以通过管理手段、投资组合等进行分散。

1. 经营风险

经营风险，是指由于公司所处的生产经营条件发生变化，从而给公司预期收益带来的不确定性。经营风险的产生可能来自公司内部条件的变化，如管理理念改变、决策层思维改变、执行过程的偏差、员工不满导致的道德风险等；也可能来自公司外部条件的变化，如顾客购买意愿发生变化、竞争对手增加、政策变化等。由于公司所处的内部外部条件变化，公司在生产经营上面临不确定性，从而产生收益的不确定性，因此，公司应当加强经营管理、风险预测的能力。

2. 财务风险

财务风险，是指由于公司负债经营，从而给公司未来财务成果带来的不确定性。公司负债经营，一方面可以解决其资金短缺，为公司扩张、经营周转等提供资金保障，另一方面可以获得财务杠杆效应，提高自有资金的获利能力。但是，负债经营改变了公司原有的资金结构，固定的利息负担和还本压力，加剧了公司资金链的压力；另外，负债经营所获得的利润是否大于支付的利息额，具有不确定性。在负债经营中，资产负债率高，公司的负担就重，财务风险就会增加；资产负债率低，公司的负担就轻，财务风险就会降低。因此，必须保持合理的负债，既能提高资金获利能力，又防止财务风险加大。

三、风险衡量

在市场环境中，风险是客观存在的，时刻伴随着公司经营活动而存在。在财务管理中，风险决策是很重要的，既要充分认识到风险的普遍性和客观性，又要尽量避免风险，降低风险程度。因此，在财务管理中，正确地衡量风险非常重要。实际工作中，可以利用概率分布、期望值和标准差来计算与衡量风险的大小。

（一）概率

概率，是指用来反映随机事件发生的可能性大小的数值。如果某一事件可能发生也可能不发生，可能出现这种结果也可能出现另外一种结果，这一事件称为随机事件；如果某一事件一定出现某一种结果，这一事件称为必然事件；如果某一事件不会出现某一种结果，这一事件称为不可能事件。假设用 X 表示随机事件，X_i 表示随机事件的第 i 种结果，P_i 表示第 i 种结果出现的概率，那么随机事件的概率在 0 与 1 之间，即 $0 \leq P_i \leq 1$，P_i 越大，表示该事件发生的可能性越大，反之，P_i 越小，表示该事件发生的可能性越小。所有可能的结果出现的概率之和一定为 1，即 $\Sigma P_i=1$。必然事件发生的概率为 1，不可能事件发生的概率为 0。

例题【3-14】 W 有限公司开发生产了一种新产品，在不同市场情况下，预期年收益及概率如表 3-1 所示。

表 3-1 新产品收益概率

市场情况	预期年收益 X_i/万元	概率 P_i
繁荣	500	0.5
正常	400	0.3
疲软	100	0.2

由表 3-1 可知，所有的 P_i 均在 0 和 1 之间，且 $P_1+P_2+P_3=0.5+0.3+0.2=1$。

（二）期望值

期望值，是指随机事件可能发生的结果与各自概率之积的加权平均数。期望值反映公司的合理预期，用 E 表示，那么某一随机变量的期望值为：

$$E = \sum_{i=1}^{n}(X_i \times P_i) \quad (3-16)$$

例题【3-15】 承接例题【3-14】的资料和数据，不考虑其他因素。要求：计算 W 有限公司预期年收益的期望值。

解：$E=500 \times 0.5+400 \times 0.3+100 \times 0.2=390$（万元）

（三）标准差

标准差，是指用来衡量概率分布中各种可能值对期望值的偏离程度。标准差反映风险的大小，标准差用 σ 表示。标准差越大，风险就越高，标准差越小，风险就越低。

标准差的计算公式为：

$$\sigma = \sqrt{\sum_{i=1}^{n}(X_i-E)^2 \times P_i} \quad (3-17)$$

标准差用来反映风险投资方案决策的风险大小，是一个绝对数。在多个风险投资方案决策的情况下，如果期望值相同，则标准差越大，表明预期结果的不确定性越大，风险就越高；反之，标准差越小，表明预期结果的不确定性越小，风险就越低。

例题【3-16】 承接例题【3-15】、例题【3-14】的资料和数据，不考虑其他因素。要求：计算 W 有限公司预期年收益的标准差。

解：$\sigma = \sqrt{\sum_{i=1}^{n}(X_i - E)^2 \times P_i}$

$= \sqrt{(500-390)^2 \times 0.5 + (400-390)^2 \times 0.3 + (100-390)^2 \times 0.2}$

$=151.33$

（四）标准离差率

标准差可以用来反映期望值相同条件下的风险大小，但实际工作中，各种风险投资项目的期望值不一定相同，因此，有必要引入标准离差率来分析期望值不同的风险投资方案。

标准离差率，是指风险投资项目的标准差除以期望值得出的系数，也称离散系数，用 q 表示。标准离差率的计算公式为：

$$q = \sigma \div E \qquad (3-18)$$

标准离差率是一个相对数，在期望值不同的条件下应用。实践表明，标准离差率越大，预期结果的不确定性就越大，风险就越高；反之，标准离差率越小，预期结果的不确定性越小，风险也越低。

例题【3-17】 承接例题【3-16】、例题【3-15】的资料和数据，不考虑其他因素。要求：计算 W 有限公司的标准离差率。

解：$q = \sigma \div E$

$=151.33 \div 390$

$=0.388$

四、风险报酬

风险报酬，是指决策者冒着风险进行投资而获得的超过货币时间价值的那部分额外报酬，是对决策者冒风险的一种价值补偿，也称风险价值。

如上所述，公司在风险环境中开展财务活动和经营管理活动，在风险项目投资决策中，不同的决策者有不同的出发点，有的决策者力求规避风险，有的决策者敢于冒风险。一般，决策者冒着风险投资，是为了获得更高的报酬，冒的风险越大，要求的报酬就越高，反之，要求的报酬就越低。实践证明，风险与报酬之间存在密切的关系，一般，高风险的项目会有高的报酬，低风险的项目会有低的报酬。

风险报酬表现形式有风险报酬额和风险报酬率两种，在实际工作中一般用风险报酬率来表示。如果不考虑通货膨胀，决策者投资到风险项目所希望得到的投资报酬率是无风险报酬率与风险报酬率之和。

风险报酬率的计算公式为：

$$投资报酬率 = 无风险报酬率 + 风险报酬率 \qquad (3-19)$$

其中，无风险报酬率是在没有风险条件下的资金时间价值，是决策者投资某一项目，一定能够实现的报酬，可用政府债券利率或存款利率表示。风险报酬率是决策者进行风险项目投资获得超过资金时间价值的额外报酬。风险报酬率与风险项目的风险程度和风险报酬斜率的大小有关，并成正比。风险报酬斜率可根据历史资料用高低点法、直线回归法或由企业管理人员根据经验确定。

$$风险报酬率 = 风险报酬斜率 \times 风险程度 \qquad (3-20)$$

投资报酬率如图 3-6 所示。

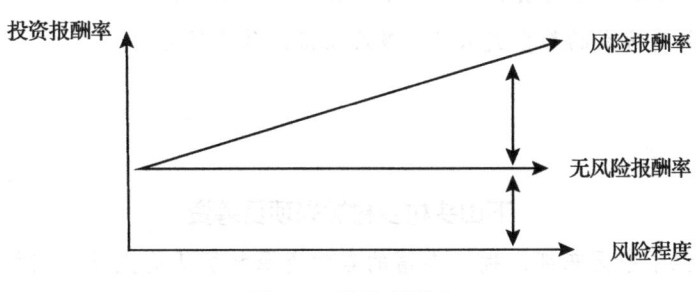

图 3-6　投资报酬率

项目小结

本项目主要介绍了资金时间价值的概述（资金时间价值的概念、资金时间价值产生的原因），资金时间价值的计算（一次性收付款项的终值和现值、非一次性收付款项的终值和现值）；风险的概念、风险的类型（系统风险、非系统风险），风险衡量（概率、期望值、标准差、标准离差率），风险报酬。

习题与实训

扫描二维码答题

项目四　筹资管理

学习目标

了解筹资的概念和种类，以及筹资的必要性、动机和原则；

理解权益筹资、债务筹资、混合筹资的概念和优缺点；

掌握各种筹资方式的筹资成本计算及在实际工作中的应用。

引例

下山头村乡村振兴项目筹资

下山头村位于中国东部，拥有丰富的自然资源和肥沃的土地。该村面临着传统农业收益低下、年轻劳动力外流、土地抛荒等问题。村集体经济薄弱，缺乏足够的资金进行农业现代化和乡村基础设施建设。如何有效利用当地资源、吸引投资、提高村民收入，成为下山头村发展的主要挑战。

该村采取了如下的筹资策略：下山头村与当地企业家合作，成立股份公司，村民以土地入股，企业出资，共同开发当地特色农产品——铁皮石斛。这种模式既解决了资金问题，又保证了村民的利益；村民将土地流转到村股份经济合作社，再由合作社与企业合作，提高了土地利用率，防止了土地抛荒；通过发展铁皮石斛的种植、加工、研发，以及乡村生态旅游，实现了一、二、三产业的深度融合，增加了农业的附加值；吸引社会资本投入，包括企业投资、村民自筹资金、政府扶持资金等，形成了多元化的投资结构。

通过筹资管理策略的实施，下山头村成功引入了3亿元的投资，建成了2 000亩（1亩≈667平方米）的铁皮石斛种植基地和相关加工厂，同时发展了生态旅游。2018年，公司实现产值2 800多万元，接待游客量35万人，旅游收入400多万元，显著提高了村民的收入和村集体经济的收入，有效推动了乡村振兴。

任务一　筹资管理的认知

一、筹资的概念

筹资，是指企业作为筹资主体根据其生产经营、对外投资和调整资本结构等需要，通过一定筹资渠道和金融市场，运用一定筹资方式，经济有效地筹措和集中资本的活动。

实务中，筹资按不同的标准可以分为以下几个方面。

1. 筹资按资金使用期限长短分类

筹资按资金使用期限长短可以分为短期资金和中长期资金（一年后偿还）。其中，短期资金的特点是筹集资金需在一年内偿还，短期资金的筹集方式包括发行短期债券、短期银行借款和商业信用等。中长期资金特点是筹集资金可在一年后偿还，中长期资金的筹集方式包括吸收直接投资、发行股票、发行长期债券、长期银行借款和融资租赁等。

2. 筹资按资金来源渠道分类

筹资按资金来源渠道可以分为自有资金和借入资金。其中，自有资金为企业持有的，无须偿还的部分，自有资金主要包括资本金和留存收益；借入资金即负债，是企业依法获取并到期偿还的部分。

3. 筹资按所筹资金的权益性质不同分类

筹资按所筹资金的权益性质可以分为股权资本和负债。其中，股权资本是企业可以自主支配且无须偿还的部分，其缺点是资金成本较高，优点是无须偿还所以风险低；负债利息费用可以税前列支，所以资金成本较低，由于到期需要偿还所以风险高。实务中，股权资本的筹集方式包括吸收直接投资、发行股票和留存收益等；负债筹资方式包括发行债券、银行借款、融资租赁和商业信用等。

二、筹资的必要性

实务中，筹集资本对企业而言是非常必要的，主要体现在以下几个方面。

1. 筹资是企业注册资本的来源

注册资金是国家授予企业法人经营管理的财产或者企业法人自有财产的数额体现。注册资金是企业实有资产的总和，是企业全部财产的货币表现，是企业从事生产经营活动的物质基础。为了建立企业，必须通过各种筹资方式筹集企业的注册资本。

2. 筹资是扩大经营规模的后盾

在市场经济中，适者生存、优胜劣汰是企业成长的基本规律。企业只有拥有源源不断的资本，才能不断发展壮大，才能更好地生存下去；只有获得更多生产资源，才能形成竞争优势；只有形成竞争优势，才能获得更多的利润。

3. 筹资是调整资本结构的保障

企业在初创期、成长期和成熟期不断发展的过程中，应当根据各个时期情况正确安排权益资金和负债资金的结构，注重在财务杠杆利益和财务风险之间做出权衡。当企业处于快速成长期、企业销售状况良好并稳步上升、总资产报酬率超过借款利率时，可以借入资金，每股的收益提高。但是，随着负债额的增加，财务风险也随之增大，一旦生产经营恶化，不能及时还本付息，就会出现财务困难，影响企业形象，甚至倒闭。债务与权益比例增大，负债筹资难度加大，结果会使企业加权资金成本率提高。由此可见，必要时选择不同的筹资方式筹集资金，使得企业达到一个最佳的资本结构，才能把企业加权平均资金成本降到最低。

4. 筹资是偿还到期债务的支撑

企业在生产经营过程中往往会面临资金周转不过来的情况，当面临资金链紧张，资金不够用的时候，企业可以通过一定的渠道和方式筹集资金，减少企业的资金链紧张，增加资金的供给，为企业偿还到期债务提供强有力的支撑，从而化解到期债务和流动性的不足，避免债务危机，保证生产经营正常进行。

三、筹资动机

企业筹集资金是为了满足一定的需求，达到一定的目的。企业筹资是有动机的，主要包括以下几个方面。

1. 创立性筹资动机

创立性筹资动机，是指企业设立时，为取得资本金并形成开展经营活动的基本条件而产生的筹资动机。企业创建时，要按照企业经营规模核定长期资本需要量和流动资金需要量，购建厂房设备等，安排铺垫流动资金，形成企业的经营能力。这样，就需要筹措注册资本和资本公积等股权资金，股权资金不足部分需要筹集银行借款等债务资金。

2. 扩张性筹资动机

扩张性筹资动机，是指企业需要扩大生产经营规模或追加对外投资而产生的筹资动机。企业如果只想维持简单再生产，其所需要的资金是稳定的，一般不需要或只需追加很少的筹资额度。一旦企业想要扩大再生产，经营规模扩张，开展对外投资，就需要大量追加筹资额度。那些具有良好发展前景、处于成长时期的企业，往往会产生扩张性的筹资动机。

3. 调整性筹资动机

调整性筹资动机，是指企业为了调整权益资本和债务资本的比例而产生的筹资动机。资本结构调整的目的就是要把加权资金成本降到最低，最低资金成本时的资本结构就是最佳资本结构，企业应当调整资本结构，有效控制企业财务风险，提升企业价值。企业产生调整性筹资动机的具体原因大概包括以下两个方面：一是优化资本结构，合理利用财务杠杆效应；二是偿还到期债务，这仅仅是债务结构内部调整。

4. 混合性筹资动机

实务中，企业筹资的目的可能不是单纯和唯一的。通过追加筹资，既满足了经营活动、投资活动的资金需要，又达到了调整资本结构的目的。这类情况很多，可以称之为混合型的筹资动机。

四、筹资原则

实务中，企业在筹资活动中会遵循一定的原则，主要包括以下几个方面。

1. 合法性原则

企业的筹资行为和筹资活动必须遵循国家的相关法律法规，依法履行法律法规和投资合同约定的责任，合法合规筹资，依法信息披露，维护各方的合法权益。

2. 合理性原则

资金的来源渠道和资金市场为企业提供了资金的源泉和筹资场所。它反映资金的分布状况和供求关系，决定着筹资的难易程度。不同来源的资金，对企业的收益和成本有不同影响。因此，企业应认真研究资金来源渠道和资金市场，合理选择资金来源。

3. 适当性原则

企业不同发展阶段的资金需求量是不断变化的，企业财务人员和管理人员要全面调研供、产、销等经营状况，采用科学的预测方法，确定资金的需求量，合理适当地筹集相应的资金。

4. 及时性原则

企业财务管理人员在筹集资金方面要具有前瞻性，熟练运用各种测算方法进行测算比较，在生产经营的基础上确定资金的需求，提前安排资金的筹集时间，让所需资金及时到达。

5. 经济性原则

在确定资金筹资需要量、何时筹资、资金来源渠道的基础上，企业在筹资时还应当认真考虑各种筹资方式。企业筹集资金必然要为占用资金付出一定的代价，不同筹资方式条件下的资金成本各不相同。所以，应当对各种筹资方式测算进行分析比较，选择经济、可行的筹资方式以确定合理的资金结构，合理控制资金成本，降低财务风险。

五、筹资方式

实务中，企业筹资方式主要包括以下几个方面。

1. 吸收直接投资

吸收直接投资，是指企业按照"共同投资、共同经营、共担风险、共享利润"的原则来吸收国家、法人、个人、外商投入资金的一种筹资方式。吸收投资的种类包括吸收国家投资、吸收法人投资、吸收外商投资和吸收社会公众投资。

2. 发行股票筹资

发行股票筹资，是指企业以发行股票的方式进行筹资，是企业经济运营活动中重要的筹资手段之一。股票是持有人以股份的形式对企业拥有相应权利的一种股权凭证，一方面代表着股东对企业所有者权益的要求权，另一方面，普通股股东凭借其所拥有的股份有对企业生产经营管理和重大经营决策做出相应份额权利的参与权利。

3. 留存收益筹资

留存收益筹资，是指企业将获取的部分净利润转化为投资的过程，将企业生产经营所实现的部分净利润留在企业，而不作为股利分配给股东，从本质上来讲是原股东对企业再投资。

4. 发行债券筹资

发行债券筹资，是指企业通过发行债券来筹集资金的方式。债券筹资是企业筹资的重要方式之一，其面向社会筹资，筹资范围很广。若按国家有关规定发行的债券，债券可以在证券市场上自由转让、流通。

5. 银行借款筹资

银行借款，是指企业向银行或其他非银行金融机构借入的、需要还本付息的款项，包括偿还期限超过1年的长期借款和不足1年的短期借款，主要用于企业购建固定资产，满足流动资金周转的需要。

任务二　所有者权益筹资管理

一、吸收直接投资

吸收直接投资，是指企业按照"共同投资、共同经营、共担风险、共享利润"的原则来吸收国家、法人、个人、外商投入资金的一种筹资方式。

（一）吸收直接投资的来源、方式、程序及优缺点

1. 吸收直接投资的资本来源

实务中，按照吸收直接投资的资本来源分为：吸收国家资本投资、吸收法人资本投资、吸收外商资本投资、吸收社会公众资本投资。

2. 吸收直接投资的出资方式

实务中，按照吸收直接投资的出资方式分为：以货币资产出资、以实物资产出资、以土地使用权出资、以工业产权出资。

3. 吸收直接投资的程序

实务中，吸收直接投资的程序主要包括以下几个方面。

（1）测算筹集资金的数量。

（2）寻找优质投资合作方。

（3）协商和签署投资协议。

（4）取得所筹集的资金。

4. 吸收直接投资的优点

实务中，企业吸收直接投资的优点有：相对于其他筹资而言可以尽快投入生产经营，吸收直接投资不仅可以直接收到货币资金，还可以马上获得生产所需的固定资产和无形资产，这均不需要走采购程序直接投入生产，能够快速形成生产经营能力。方便与投资者进行沟通和交流。吸收直接投资的投资者数量少，股权相对集中，具有管理能力的投资者可以直接担任公司管理层，公司与投资者易于沟通，同时也有利于监督企业经营。吸收投资的手续一般比较简便，因此筹资费用较低。

5. 吸收直接投资的缺点

实务中，企业吸收直接投资的缺点有：当企业经营状况良好，获取较多利润时，投资者往往会把企业获取利润的大部分作为红利分配出去。由于股权相对集中，企业控制权集中在少数投资者手里，容易导致企业管理专制化。采用吸收直接投资方式筹资，投资者一般都要求获得与投资数额相适应的经营管理权。如果某个投资者的投资额比例较大，则该投资者对企业的经营管理就会有较大的影响，其他投资者的合法权益得不到保障。不利于流通转让。吸收投入资本不像股票那样以证券为媒介，因此不利于流通转让，很难进行产权转让。

（二）吸收直接投资的资金成本计算

吸收直接投资的资金成本主要是吸收直接投资所约定的利润分配。企业获得的利润越多，利润分配越多，所承担的资金成本就越高。吸收直接投资的资金成本率本质上是企业资本占用费与有效筹资额的比率，其计算公式为：

$$K=D\div(P-F) \text{ 或 } K=D\div P(1-f) \qquad (4\text{--}1)$$

其中，K 为资金成本率，以百分率表示；D 为资本占用费；P 为筹资总额；F 为资本筹集费用额；f 为筹资费用率，即资本筹集费占筹资总额的比率。

二、发行普通股筹资

（一）股票筹资的分类、发行条件、程序、价格、方式、优缺点

发行普通股筹资，是指股份公司通过发行股票筹集资本的活动。

1. 股票的分类

实务中，企业股票按是否记名分为记名股票和无记名股票，按投资主体分为国有股、法人股和社会公众股，按上市地点分为 A 股、B 股、H 股、N 股和 S 股。

2. 股票发行条件

《中华人民共和国证券法》规定，股份公司公开发行新股，应当具备健全且运行良好的组织机构，具有持续获利能力，财务状况良好，三年内财务会计文件无虚假记载，无其他重大违法行为以及经国务院批准的国务院证券监督管理机构规定的其他条件。

《首次公开发行股票并上市管理办法》规定，首次公开发行的发行人应当是依法设立并合法存续的股份有限公司；持续经营时间应当在三年以上；注册资本已足额缴纳；生产经营合法；三年内主营业务、高级管理人员、实际控制人没有重大变化；股权清晰。发行人应具备资产完整、人员独立、财务独立、机构独立、业务独立的独立性。

股票发行人财务指标应满足以下要求：3 个会计年度净利润均为正数且累计超过人民币 3 000 万元，净利润以扣除非经常性损益后较低者为计算依据；连续 3 个会计年度经营活动产生的现金流量净额累计超过人民币 5 000 万元；或者 3 个会计年度营业收入累计超过人民币 3 亿元；发行前股本总额不少于人民币 3 000 万元；至今连续 1 期末无形资产（扣除土地使用权、水面养殖权和采矿权等后）占净资产的比例不高于 20%；至今连续 1 期末不存在未弥补亏损。

3. 股票发行程序

股票发行应当按照以下程序执行：董事会决定发行股票并报股东大会申请；公司向政府有关机关申请；董事会备置认股书，供投资者认股所用；董事会公告招股说明书，公开经政府有关机关核准包括招股说明书在内的文件；投资者认领股份；认股人缴纳股款；股份增额后的补选、改选董事、监事；申请发行新股的变更登记。

4. 股票发行价格

股票发行价格，是指股份公司出售新股票的价格。在确定股票发行价格时，可以按票面金额确定，也可以超过票面金额确定，但不得以低于票面金额的价格发行。当股票发行公司计划发行股票时，就需要根据不同情况，确定一个发行价格以推销股票。

一般而言，股票发行价格包括面值发行、溢价发行和折价发行三种。

5. 股票发行方式

股票的发行方式，是指发行公司采取什么方法和渠道使自己的股票为投资者所认购。股票发行方式按照中介参与股票发行的程度分为直接发行和间接发行，按照是否办理公开发行股票审核事宜分为公开发行和非公开发行。

6. 普通股筹资的优点

（1）普通股筹资是企业稳定的资本基础。普通股资本不用偿还并且没有固定的到期日，是企业的永久性资本，只有企业破产清算时才有可能偿还。这是企业对资本的最低需求，是企业生存的基础和持续经营的保障。

（2）普通股筹资是企业良好的信誉基础。普通股资本作为企业最基础的资本，企业股权资本的多少代表了公司的资本实力，是企业组织开展生产经营、业务活动的信誉基础。股权资本也是其他方式筹资的基础，是偿还其他债务资金的保障，尤其可为债务筹资，包括银行借款和发行公司债券等提供信用保障。

（3）普通股筹资可以有效降低企业财务风险。普通股资本无须在企业持续运营期内偿还，只有当企业获得净利润时才按照股利分配政策分配股利，也可以根据其经营状况和业绩的好坏，决定向投资者支付报酬的多少，不存在还本付息的财务风险。相对于债务资本而言，股权资本筹资限制少，资本使用上也无特别限制。

7. 普通股筹资的缺点

（1）普通股筹资要承担高昂的资金成本。一般来说，普通股筹资的资金成本要高于债务筹集的资金成本。这是因为普通股要承担企业的经营风险，股票的风险较大所以获取相应的报酬要求就越高。如果企业长期不发放股利，将会影响企业股票的市场价值。从利润表的角度看，股利是从税后净利润中支付，而债务资本的资金成本允许税前列支。另外，普通股的发行、上市等方面的手续比较复杂，费用花费较大。

（2）普通股筹资容易分散企业的控制权。由于利用股权筹资会引进新的投资者，股东对企业控制权结构会发生改变，分散了企业的控制权。控制权的频繁变动，一定程度上影响企业管理层的人事变动和决策效率，对企业的正常经营有一定的影响。

（3）普通股筹资信息沟通与披露成本较大。投资者或股东作为企业的所有者，有了解企业财务状况、经营成果和现金流量等的权利。企业需要通过各种渠道和方式加强与投资者的关系管理，保障投资者的权益。特别是上市公司，其股东众多而分散，只能通过公司的公开信息披露了解公司状况，这就需要公司花更多的精力，有些还需要设置专门的部分，用于公司的信息披露和投资者关系管理。

（二）发行股票筹资的资金成本计算

（1）股息率加增长率方法。如果公司采用固定增长股利的政策，则普通股的资金成本率的计算公式为：

$$K_C = D \div P \times (1-f_C) + g \qquad (4-2)$$

其中，K_C 为普通股资金成本率；D 为普通股每股年股利；P 为普通股发行价格；f_C 为普通股筹措费率；g 为股利年固定增长率。

例题【4-1】 R 公司普通股目前市价为 10 元，估计年增长率为 5%，预计第一年发放股利 0.6 元，筹措费率为股票市价的 4%，则发行普通股的资金成本率为：

$$K_C = 0.6 \div 10 \times (1-4\%) + 5\% = 10.76\%$$

（2）资本资产定价模型法。资本资产定价模型是西方金融理论学界的威廉·夏普等人在资产组合理论基础上的又一新发展，广泛应用于发达国家市场的投资价位评估与基金管理中。资本资产定价模型的内容可以简单描述为：普通股股票的预期收益率等于无风险利率加上风险补偿（也称风险溢价或市场风险报酬率）。采用此原理计算普通股资金成本率，其计算公式为：

$$K_C = R_f + \beta \times (R_m - R_f) \qquad (4-3)$$

其中，K_C 为普通股资金成本率，R_f 为无风险报酬率；β 为某种股票的风险对证券市场风险的敏感程度；R_m 为证券市场的平均报酬率。

例题【4-2】 W 公司准备发行普通股筹资，此时无风险利率为 2.5%，市场平均收益率为 8%，根据同类上市公司 β 系数预测该股票的 β 系数为 1.25，则该股票的资金成本率为：

$$K_C = R_f + \beta \times (R_m - R_f) = 2.5\% + 1.25(8\% - 2.5\%) = 9.375\%$$

企业在清算时，普通股股东的索偿权不仅在债券持有人之后，而且也在优先股股东之后，其投资风险最大，因而股利率比债券利息率、贷款利率和优先股利率都高，另外，其股利率还将随企业经营状况而逐年变化。一般言之，如果企业的收益逐年增加，则企业支付的股利也将逐年增长，所以普通股资金成本率最高。

三、留存收益筹资

留存收益筹资，是指企业将留存收益转化为投资的过程。将企业生产经营所实现的净收益留在企业，而不作为股利分配给股东，其实质为原股东对企业追加投资。实务中，企业留存收益筹资的渠道主要包括盈余公积和未分配利润。

（一）留存收益的优缺点

1. 留存收益筹资的优点

（1）资金成本较普通股成本低。留存收益属于企业内部资金，不用考虑筹资费用。

（2）保持普通股东的控制权。用留存收益筹资，不用对外发行股票，由此增加的权益资本不会改变企业的股权结构，不会稀释原有股东的控制权。

（3）增强企业的信誉。留存收益筹资能够使企业保持较大的可支配现金流，既可解决企业经营发展的资金需要，又能提高企业的举债能力。

2. 留存收益筹资的缺点

（1）筹资数额有限制。留存收益筹资最大可能的数额是企业当期的税后利润和上年未分配利润之和。如果企业经营亏损，则不存在这一渠道的资金来源。

（2）资金使用受到限制。留存收益中某些项目的使用，如法定盈余公积金等，要受到国家相关规定的制约。

（二）留存收益的资金成本计算

留存收益的资金成本率的计算公式为：

$$K_r = D \div P \quad (4-4)$$

当公司股利每年有一个稳定增长率时，留存收益的资金成本率的计算公式为：

$$K_r = D \div P + g \quad (4-5)$$

其中，K_r 为留存收益资金成本率；D 为第一年普通股股利；P 为股票价格；g 为股利每年的增长率。

例题【4-3】 R公司普通股目前股利为10元，估计年增长率为5%，预计第一年发放股利0.6元，则优先股的资金成本率为：

$$K_r = 0.6 \div 10 + 5\% = 11\%$$

任务三　债务筹资管理

一、发行债券

债券是一种金融契约，是政府、金融机构、工商企业等直接向社会借债筹措资金时，向投资者发行，同时承诺按一定利率支付利息并按约定条件偿还本金的债权债务凭证。

（一）债券的分类、条件、程序、价格、优缺点

1. 债券的分类

实务中，企业债券按发行主体分为政府债券、金融债券和企业（公司）债券，按财产担保可以分为抵押债券和信用债券，按是否可转换可以分为可转换债券和不可转换债券。

2. 债券的发行条件

根据《公司法》的规定，企业发行债券的条件是：股份有限公司的净资产额不低于人民币3 000万元，有限责任公司的净资产额不低于人民币6 000万元；累计债券总额不超过净资产的40%；公司3年平均可分配利润足以支付公司债券1年的利息；筹

资的资金投向应符合国家的产业政策；债券利息率不得超过国务院限定的利率水平。

3. 债券的发行程序

债券的发行要经过必要的程序，主要包括以下几个步骤：由股东会或股东大会做出决议；保荐人保荐；制作申请文件；发行公司债券应当报经中国证券监督管理委员会核准；发行公司债券，可以申请一次核准，分期发行。

4. 债券的发行价格

债券的发行价格，是指债券原始投资者购入债券时应支付的市场价格，它与债券的面值可能一致也可能不一致。理论上，债券发行价格是债券的面值和要支付的年利息按发行当时的市场利率折现所得到的现值。由此可见，票面利率和市场利率的关系影响到债券的发行价格。当债券票面利率等于市场利率时，债券发行价格等于面值；当债券票面利率低于市场利率时，企业仍以面值发行就不能吸引投资者，故一般要折价发行；反之，当债券票面利率高于市场利率时，企业仍以面值发行就会增加发行成本，故一般要溢价发行。

5. 发行债券筹资的优点

发行债券筹资的优点包括以下几个方面。

（1）资金成本低。债券的利息可以税前列支，具有抵税作用；另外债券投资者比股票投资者的投资风险低，因此其要求的报酬率也较低。故公司债券的资金成本要低于普通股。

（2）具有财务杠杆作用。债券的利息是固定的费用，债券持有者除获取利息外，不能参与公司净利润的分配，因而具有财务杠杆作用，在息税前利润增加的情况下会使股东的收益以更快的速度增加。

（3）所筹集资金属于长期资金。发行债券所筹集的资金一般属于长期资金，可供企业在1年以上的时间内使用，这为企业安排投资项目提供了有力的资金支持。

（4）债券筹资的范围广、金额大。债券筹资的对象十分广泛，它既可以向各类银行或非银行金融机构筹资，也可以向其他法人单位、个人筹资，因此筹资比较容易并可筹集较大金额的资金。

6. 发行债券筹资的缺点

发行债券筹资的缺点主要包括以下几个方面。

（1）财务风险大。债券有固定的到期日和固定的利息支出，当企业资金周转出现困难时，易使企业陷入财务困境，甚至破产清算。因此筹资企业在发行债券来筹资时，必须考虑利用债券筹资方式所筹集的资金进行的投资项目的未来收益的稳定性和增长性的问题。

（2）限制性条款多，资金使用缺乏灵活性。因为债权人没有参与企业管理的权利，为了保障债权人的债权安全，通常会在债券合同中包括各种限制性条款。这些限制性条款会影响企业资金使用的灵活性。

（二）债券筹资的资金成本计算

发行债券的成本，主要指债券利息和筹资费用。债券利息是事先根据资本市场上的利率情况确定的。按照规定，发行债券的企业定期支付的债券利息是在税前扣除的，因此，企业实际上减少了一部分所得税缴纳，那么企业实际负担的债券利息为：债券利息×（1-所得税税率）。债券的筹措费即发行费用，包括申请费、注册费、印刷费、上市费和推销费等。所以，长期债券的资金成本率的计算公式为：

$$K_b = I_b \times (1-T) \div B \times (1-f_b) \tag{4-6}$$

其中，K_b 为债券资金成本率；I_b 代表利息；T 代表所得税税率；B 为债券筹资总额，按发行价确定；f_b 为债券筹资费用率。

例题【4-4】 L公司准备发行10年期长期债券，其面值为1 000元，票面利率为8%，实际发行价格为1 100元，平均每张债券的发行费用为8元，公司所得税税率为25%，则该债券的资金成本率为：

$$K_b = 1\,000 \times 8\% \times (1-25\%) \div (1\,100-8) = 5.49\%$$

如果实际发行价格为1 000元，该债券的资金成本率为：

$$K_b = 1\,000 \times 8\% \times (1-25\%) \div (1\,000-8) = 6.05\%$$

如果实际发行价格为900元，该债券的资金成本率为：

$$K_b = 1\,000 \times 8\% \times (1-25\%) \div (900-8) = 6.73\%$$

二、长期借款

长期借款，是指企业向银行或其他金融机构借入的期限在一年以上（不含一年）的各项借款。

（一）长期借款的分类、程序、优缺点

1. 长期借款的分类

长期借款按照来源不同可以分为政策性银行贷款、商业银行贷款和其他金融机构贷款，按照贷款用途不同可以分为基本建设贷款、专项贷款和流动资金贷款，按照贷款有无担保和担保方式的不同可以分为信用贷款、保证贷款、质押贷款和抵押贷款。

2. 长期借款的程序

实务中，企业办理长期借款涉及以下几个方面的程序。

（1）企业提出借款申请。

（2）金融机构审批。

（3）签订借款合同。

（4）发放贷款、监督贷款的使用。

（5）按期归还贷款本息。

3. 长期借款筹资的优点

（1）筹资速度快。在借贷双方协商一致，签订合同后，借方即可获得资金，而不必经过证券管理部门的审核批准，手续简单，能迅速筹集到所需资金。

（2）资金成本低。项目主体向金融机构借款，不必像发行证券那样需要支付较高的发行费用，筹资费用低；长期借款的利息可在所得税前支付，具有抵税作用。

（3）具有财务杠杆的作用。长期借款的利息相对普通股而言是固定的，故与债券筹资、优先股筹资类似，具有财务杠杆的作用，即当项目主体获得丰厚的利润时，普通股股东会享受到更多的利益。

（4）不影响普通股股东的控制权。由于提供长期借款的贷款人无权参与项目主体的经营管理，无投票表决权，因此，不会影响项目主体股东的控股权。

4. 长期借款筹资的缺点

（1）财务风险大。既然是借款，就需要按期还本付息。长期借款虽然期限较长，但也必须按期归还本金和利息。当项目主体经营业绩不佳时，借款的偿付会增大项目主体的财务风险。

（2）筹资数额有限。利用长期借款筹资不能像发行股票那样在大范围内筹集大额的资金。

（3）限制条件较多。贷款合约中有许多限制性条款（如指定借款的用途），可能会给项目主体的经营活动带来一定的影响。

（二）长期借款的资金成本计算

企业长期借款的资金成本是由借款利息和筹资费用构成的，借款利息属于税前成本费用，可以起到抵税的作用，因此，一次还本、分期付息借款的资金成本率的计算公式为：

$$K_l = I_l \times (1-T) \div L \times (1-f_l) \tag{4-7}$$

其中，K_l 为长期借款资金成本率；I_l 为长期借款年利息额；L 为长期借款筹资总额；f_l 为长期借款筹资费用率；T 为所得税率。

$$K_l = i \times (1-T) \div (1-f_l) \tag{4-8}$$

其中，i 为长期借款的利率。

若长期借款的筹措费用（主要是借款的手续费）很少时，也可以忽略不计。忽略手续费时，长期借款的资金成本率的计算公式为：

$$K_l = i \times (1-T) \tag{4-9}$$

如果银行要求借款企业在银行中经常保持一定的存款余额作为抵押，即合同中附加补偿性余额条款时，计算长期借款成本率应该将存款保留余额从长期借款总额中扣除，因为企业并未真正使用这部分资金。此时，借款的实际利率和资金成本率都会上升。

如果在一年内结息次数超过一次，为 M 次，借款期数为 N 年，则借款的实际利率，即资金成本率的计算公式为：

$$K_1=[(1+i\div M)^{MN}-1]\times(1-T) \quad (4-10)$$

其中，M 为 1 年内借款结息次数；N 为借款年数。

例题【4-5】 KL 公司从银行取得 5 年期借款 300 万元，年利率为 4.8%，每半年结息一次，到期一次还本，公司所得税税率为 25%。这笔借款的资金成本率为：

$$K_1=[(1+4.8\%\div 2)^{2\times 5}-1]\times(1-25\%)=20.07\%$$

项目小结

本项目主要介绍了筹资的概念、筹资的必要性、筹资动机、筹资原则、筹资方式；吸收直接投资（吸收直接投资来源、方式、程序及优缺点、吸收直接投资的资金成本计算）、发行普通股筹资（股票筹资的分类、发行条件、程序、价格、方式、优缺点、发行股票筹资的资金成本计算）、留存收益筹资（留存收益的优缺点、留存收益的资金成本计算）；发行债券（债券的分类、条件、程序、价格、优缺点、债券筹资的资金成本计算）、长期借款（长期借款的分类、程序、优缺点、长期借款的资金成本计算）。

习题与实训

扫描二维码答题

项目五　项目投资决策

学习目标

了解项目投资决策的概念及特点；

掌握项目投资初始现金流量、经营时期现金流量和终结点现金流量的计算；

掌握项目投资决策评价指标的运用。

引例

得得公司的投资决策

得得公司是一家专注智能家电研发和生产的中型企业。近几年，得得公司生产的洗碗机深受市场认可，订单量持续增加。为了扩大生产力、满足市场需求，公司决定新建一条生产线生产洗碗机。王五是公司投资部经理，主要负责投资事宜，公司决策层要求王五准备新生产线建设的资料并撰写项目投资的财务报告，以供领导参考决策。王五整理项目概况如下：新生产线的初始投资为65万元，分三年投入。第一年初投入30万元，第二年初投入20万元，第三年初投入15万元。第三年完成建设并正式投产。投产后每年可以生产洗碗机1 500台，每台洗碗机的销售价格为1 500元，则每年可获得销售收入225万元。投资项目预计可以使用6年，6年后的残值可以忽略不计。在投资项目经营期内需垫支流动资金20万元，项目结束时如数收回。该项目生产的产品年总成本的构成情况如下：原材料费用50万元／年，工资费用10万元／年，管理费（不含折旧）8万元／年，折旧费12万元／年。

如果你是王五，对于此项目该如何进行分析决策？这就需要对项目的现金流量构成有所认知，通过净现金流量公式和净现值等项目投资评价指标来计算分析。在现实生活中，还需要考虑通货膨胀等因素。本项目的学习，可以帮助乡村CEO了解投资决策的基本方法。

任务一　项目投资决策的认知

一、项目投资的概述

项目投资对企业而言十分重要，因为其投资金额较大，投资选择多元，影响企业未来发展。因此，企业需要通过一系列分析、评估和比较，选择适当的决策方法对企业的长期投资项目进行分析和筛选。

（一）项目投资的概念及特点

项目投资是指投资者或决策者在考虑投资一个具体项目时，选择与新建或者更新改造项目有关的长期投资行为。其特点如下。

1. 时间影响长

此类投资周期较长，一旦投入，几年甚至十几年才能收回投资。因此，项目投资对企业生产经营和利润获取有重大影响，项目投资成功与否影响企业未来生存发展。

2. 投资金额大

此类投资支出往往涉及金额较大，例如购买生产线，或者投资大型项目等，需要的资金占总资产相当大比例。因此，投资决策对企业的现金流和财务状况影响巨大。

3. 变现能力差

此类投资涉及时间较长，一般投资后很难在一个营业周期内变现，即使能够在一个周期内变现，需要付出的代价也是非常大的。

4. 投资风险大

此类投资时间长、投资大、变现差，而影响投资项目收益的不确定性因素又很多，因此，此类投资的风险大于其他投资。

（二）项目投资决策的过程

项目投资决策从识别到执行，一般分为4个步骤。

1. 项目识别与筛选

一般来说，企业内部各组织机构可以提出一些项目投资建议。企业的高级管理人员往往会提出一些大规模投资项目，例如购买新的生产线、开拓新市场等。资金支出越大的项目，越需要谨慎对待。

2. 项目评估与可行性分析

对于待选择的项目，采用适当的方法对其进行评估和可行性分析，分析完成后，制作分析报告，供决策者决策。

3. 投资方案的制定与选择

根据可行性分析结果，制定不同的投资方案，包括投资规模、资金来源、实施时间表等。比较不同方案的优缺点，包括成本、收益、风险等。根据决策标准，做出选择。

4. 投资决策的执行与监督

按照投资计划进行投资，大的项目支出一般分阶段进行，监督项目实施过程，确保按照计划进行，并及时识别出现的问题和偏差，进行纠偏。

二、项目投资计算期的构成

项目投资计算期，是指投资项目从投资建设开始到最终清理结束的整个过程的全部时间，即该项目的有效持续期间。项目投资期计算期分为建设期和生产经营期。其中，建设期的第 1 年年初称为建设起点，建设期的最后 1 年年末称为投产日，项目投资计算期的最后 1 年年末称为终结点。生产经营期指从投产日到终结点之间的时间间隔。项目投资计算期 = 建设期 + 生产经营期，如图 5-1 所示。

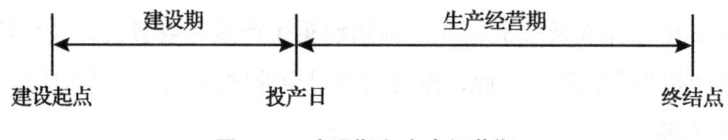

图 5-1　建设期和生产经营期

任务二　现金流量

前面的章节中，我们已经知道，货币是有时间价值的，正因如此，在项目投资决策中，对项目的成本和收益进行分析评价时，使用的是现金流量而不是会计利润。

一、现金流量的概念

现金流量是指在一定会计期间内，企业现金和现金等价物的流入和流出。也就是在项目投资决策中，一个项目导致企业的现金流入量和流出量。这里的"现金"是广义的概念，不仅仅指货币资金，还包括项目投入企业所拥有的非货币资源的变现价值。例如一个项目需要的厂房、设备、材料等，相关的现金流量指它们的变现价值，而非账面价值。

二、现金流量估算的假设

现金流量估算通常涉及对未来一段时间内企业现金流入和流出的预测。在进行现金流量估算时,需要基于一系列假设。

1. 项目投资类型假设

项目投资类型假设只包含固定资产项目、更新改造项目及完整工业投资项目。

2. 全投资假设

在确定项目的现金流时,无论资金来源是自有资金或是借入资金等现金流量,均假设为自有资金且只考虑全部投资的运营情况。

3. 建设期内投入全部资金假设

无论原始投资是一次性全部投入还是分批次进行投入,假设其投入均在建设期内。

4. 折旧年限与项目经营期一致假设

项目所需的主要固定资产的折旧年限或使用年限,假设其与项目经营期一致。

5. 时点指标假设

(1)假设项目投资在建设期的年初或者年末发生,流动资金投资在建设期年末或经营期年初发生。

(2)假设经营期内每年的收入、成本、折旧、利润、税金等均在年末确认发生。

(3)除更新改造项目外,假设项目最终报废或清理均假设在项目终结点发生。

6. 确定性假设

与项目现金流量有关的价格、产销量、成本水平、所得税税率等因素,假设均为已知常数。

三、现金流量的内容

现金流量的准确预测对于项目投资决策至关重要。通过分析现金流入量与现金流出量,可以计算出项目的净现金流量,进而评估项目的盈利能力和财务可行性。

(一)现金流出量

对于项目投资,现金流出量是指由于项目投资而引起的现金支出的增加额。从时间维度讲,主要包括初始投资阶段的现金流出和运营期间的现金流出。

1. 初始投资

(1)建设投资。包括固定资产投资(例如购买厂房、设备等)、无形资产投资(例如商标、专利等)和其他长期资产投资(例如长期待摊费用等)。

(2)垫支的营运资金。为保证项目能够正常启动并维持日常运营,一次或分次投入的流动资金,通常项目结束时会收回。垫支的营运资金可能在建设期或经营期投入,为方便分析,一般假设其在建设期期末或经营期期初发生。

2. 运营期间现金流出

(1)付现成本。指在经营过程中以现金支付的成本费用,例如原材料采购、职工薪酬、水电费等，不包括非现付成本（例如固定资产折旧、无形资产摊销等）。付现成本是经营期间一项非常重要的现金流出。

（2）缴纳的税金。经营期内，缴纳的增值税、企业所得税等各种税费的支出。

（二）现金流入量

对于项目投资，现金流入量是指因特定项目投资而带来的现金流入的增加。从时间维度讲，主要包括营业阶段现金流入和项目终结阶段现金流入。

1. 营业阶段现金流入

（1）营业收入。项目投入运营后，销售产品或提供服务所获得的收入。这是最主要的现金流入来源，通常会持续整个项目的运营期。

（2）补贴收入。如果项目符合相关政策规定，可能会获得政府补贴等额外收入，也构成现金流入的一部分。

2. 项目终结阶段现金流入

（1）固定资产余值回收。在项目寿命期末，对固定资产进行处置时所收回的价值。例如，出售固定资产获得的款项。

（2）垫支营运资金回收。项目开始时投入的用于维持日常运营的流动资金，在项目结束时可以回收，增加企业的现金流入。

四、现金流量的估算

现金流量的估算是对一个项目在特定时期内现金流入和现金流出情况的预测和计算。由于项目的投入、回收及收益都是以现金流量的形式表现，项目期各阶段都有可能产生现金流量。所以，需要逐年估算项目期每个时点的现金流量。对项目投资现金流量的估算主要包括以下几个方面。

（一）现金流出量的估算

1. 初始投资

（1）建设投资。包括固定资产投资（如购买设备、建造厂房等）、无形资产投资（如专利、商标等）和其他长期资产投资（如长期待摊费用等）。可以通过市场询价、工程预算等方式确定各项投资的金额。

（2）垫支营运资金。根据项目运营初期的资金需求，估算需要投入的营运资金。营运资金一般用于购买原材料、支付员工工资、支付水电费等日常经营活动。

2. 运营期间现金流出

（1）付现成本。指在经营过程中以现金支付的成本费用，如原材料采购支出、职工薪酬、水电费等。不包括非付现成本（如固定资产折旧、无形资产摊销等）。可以通过分析项目的成本结构和运营流程，确定各项付现成本的金额。例如，每年原材料采购支出 300 万元，职工薪酬 200 万元，水电费 50 万元，则年付现成本为 550 万元。

（2）缴纳的税金。包括增值税、企业所得税等各种税费支出。根据国家税收政策和项目的盈利情况进行估算。

（二）现金流入量的估算

1. 营业期现金流入

（1）营业收入。根据市场调研和销售预测，确定项目投产后每年的销售量和销售价格，进而计算出营业收入。例如，如果预计项目投产后每年可销售产品 10 万件，每件售价 50 元，则年营业收入为 500 万元。

（2）补贴收入。如果项目有政府补贴等额外收入来源，应将其纳入现金流入量的估算中。

2. 终结点现金流入

（1）固定资产余值回收。在项目寿命期末，对固定资产进行评估，确定其剩余价值。可以参考类似资产的市场价格、折旧后的账面价值等因素进行估算。例如，一台设备原值 100 万元，预计使用寿命为 10 年，采用直线法折旧，每年折旧 10 万元，在项目结束时，若该设备的市场价值为 20 万元，则固定资产余值回收为 20 万元。

（2）垫支营运资金回收。项目开始时投入的营运资金在项目结束时可以全额回收。营运资金通常根据项目的业务规模和运营特点进行估算。

五、现金净流量的计算

（一）现金净流量的概念

现金净流量是指在一定时期内，现金流入量与现金流出量之间的差额。从内容上看，现金净流量反映了一个项目在特定时间段内实际的现金收支状况。如果现金流入量大于现金流出量，现金净流量为正值，表明该经济活动带来了现金的增加；反之，如果现金流入量小于现金流出量，现金净流量为负值，说明出现了现金的减少。

$$NCF_t = CI_t - CO_t \quad (t=0, 1, 2, 3, \cdots, n) \tag{5-1}$$

式中，NCF_t 为第 t 年现金净流量，CI_t 为第 t 年现金流入量，CO_t 为第 t 年现金流出量。

（二）现金净流量的估算

项目投资的周期一般分为项目建设阶段、项目运营阶段及项目终止阶段，因此项目投资期间的现金流量由建设期现金流量、经营期现金流量和终结期现金流量 3 部分组成。

1. 建设期现金净流量估算

建设期现金流量是指项目在建设期间（通常指从项目开始建设到完工投产前的这

一段时间）发生的现金流出量和流入量。一般包含以下几项。

（1）固定资产上的投资（新资产购买成本＋新资产的安装成本）。

（2）流动资产上的投资（如果存在）。流动资产上的投资只是一种垫支的资金，当该投资项目退出生产后，它也退出生产周转。

（3）无形资产上的投资（如果存在）。

（4）其他方面的投资，包括筹建费用、职工培训费等（如果存在）。

（5）旧固定资产变价收入，它将减少企业对新资产的初始投资。

（6）出售旧固定资产涉及的税金。

（7）机会成本（如果存在）。

例题【5-1】 某合作社投资一项新项目，购置新设备花费600 000元，为此花费安装调试费用40 000元，支出全部资本化，新设备预计使用年限为5年，被置换的旧设备当前账面价值80 000元，旧设备市场价值100 000元，新设备提升了工作效率，为此还需投入营运资本30 000元，所得税税率为25%，请问该投资项目的初始现金流量是多少（用负号表示现金流出）？

解析：

新设备购置成本：600 000元；

安装调试费用：40 000元；

新增营运资金：30 000元；

旧设备市场价值：100 000元（处置旧设备时收到的现金）；

旧设备处置收益的税负：旧设备账面价值为80 000元，市场价值为100 000元，因此处置收益为100 000−80 000=20 000元。税负为20 000元的25%，即5 000元。

由此，可得初始现金流量：

初始现金流量（$\triangle NCF_0$）=− 新设备购置成本 − 安装调试费用 − 新增营运资金 ＋ 旧设备市场价值 − 旧设备处置收益的税负

$$=-600\ 000-40\ 000-30\ 000+100\ 000-5\ 000$$

$$=-575\ 000（元）$$

因此，该投资项目的初始现金流量为 −575 000元。

2. 经营期的现金净流量估算

经营期的现金流量指企业在一个特定经营周期（通常为一年）内，由于正常经营活动所产生的现金流入和现金流出的数量。经营期内的现金流入一般是指营业收入，现金流出一般是指现金支出和缴纳的税金。

营业现金流量一般按照以下两种方法计算。

基本公式：

营业现金流量 = 营业收入 − 付现成本 − 所得税

　　　　　　= 营业收入 −（营业成本 − 折旧）− 所得税

　　　　　　= 营业收入 − 营业成本 − 所得税 + 折旧

　　　　　　= 净利润 + 折旧　　　　　　　　　　　　　　　　　　　　（5−2）

营业现金流量 = 营业收入 − 付现成本 − 所得税

　　　　　　= 营业收入 − 付现成本 −（营业收入 − 付现成本 − 折旧）× 税率

　　　　　　= 营业收入 ×（1− 税率）− 付现成本 ×（1− 税率）+ 折旧 × 税率

　　　　　　= 税后收入 − 税后成本 + 折旧抵税额　　　　　　　　　　　（5−3）

例题【5−2】 小李开了一家咖啡馆，年营业收入为 180 000 元，原材料成本、员工薪酬、租金和其他现金费用共计 85 000 元，设备年折旧费为 15 000 元，所得税税率为 25%。请问小李获得的净利润是多少？营业现金流量是多少？请计算营业现金流量。

解析：

年营业收入：180 000 元；

付现费用：85 000 元；

折旧费用（非付现费用）：15 000 元；

所得税税率为 25%。

首先，我们来计算小李的净利润。

净利润的计算公式为：净利润 = 营业收入 − 营业成本 − 所得税

其中，营业成本包括付现成本和折旧费。折旧费虽然是非现金费用，但在计算税前利润时需要扣除。

计算税前利润：税前利润 = 营业收入 − 付现成本 − 折旧费

　　　　　　　　　　　=180 000−85 000−15 000

　　　　　　　　　　　=80 000（元）

计算所得税：所得税 = 税前利润 × 所得税税率

　　　　　　　　　　=80 000×25%

　　　　　　　　　　=20 000（元）

计算净利润：净利润 = 税前利润 − 所得税

　　　　　　　　　　=80 000−20 000

　　　　　　　　　　=60 000（元）

接下来，按公式（5−3）来计算营业现金流量。

代入数据，营业现金流量 =180 000−85 000−（180 000−85 000−15 000）×25%

　　　　　　　　　　　=180 000−85 000−80 000×25%

$$=180\,000-85\,000-20\,000$$
$$=95\,000-20\,000$$
$$=75\,000（元）$$

所以，小李的咖啡馆的净利润为60 000元，营业现金流量是75 000元。

3. 终结期现金流量

终结期现金流量是指投资项目终结时所发生的现金流入量和现金流出量。需要着重考虑固定资产残值变价收入、回收的垫支流动资产以及税收的影响。税收的影响是指若固定资产变价收入或残值收入大于预计收入，超出预估这部分差额需要缴纳税款，则视为现金流出；若固定资产变价收入或残值收入小于预计收入，未及预估的这部分差额可以抵税，则视为现金流入。

例题【5-3】 某合作社计划淘汰一套设备，该设备的账面净值为120 000元，预计净残值为70 000元，清理费用为20 000元，设备清理过程中将释放出40 000元的营运资金。假设合作社的所得税税率为25%，请问淘汰设备的终结点的现金流是多少？

解析：

残值收入：70 000元；

清理费用：20 000元；

释放营运资金：40 000元；

税负影响：设备账面净值为120 000元，而预计净残值为70 000元，所以淘汰设备亏损120 000–70 000=50 000（元），亏损可以抵扣应纳所得税额，节省税收，节省的税收为50 000×25%=12 500（元）。

终结期现金流 = 残值收入 – 清理费用 + 释放营业资金收入 + 税负影响
$$=70\,000-20\,000+40\,000+12\,500$$
$$=102\,500（元）$$

所以，该合作社淘汰设备的终结期现金流为102 500元。

例题【5-4】 某企业为扩大生产能力，计划投资一条新的生产线，该项目需要一次性投入资金2 500万元，包括设备购置、安装和基础设施建设等费用，建设期为1年，建设期间的资本化利息为150万元。第1年年末，需要投入营运资金150万元。该生产线的设计使用寿命为25年，直线法计提折旧，预计期满残值为500万元。投入使用后，预计运营期前25年每年的营业收入为1 500万元，每年的营业成本（付现成本）为900万元。假设企业的所得税税率为20%。请问该项目各年的现金流量是多少？

解析：

第一，项目建设阶段。

项目总投资：2 500万元；

第一年年末投入营运资金投入：150万元；

资本化利息：150万元。

$NCF_0 = -2\,500 - 150 = -2\,650$（万元）

$NCF_1 = -150$（万元）

第二，项目运营阶段。

折旧费用 =（项目总投资 − 预计残值）/ 项目使用寿命

$\qquad\quad =(2\,500 + 150 - 500)/25$

$\qquad\quad = 86$（万元/年）

税前利润 = 营业收入 − 营业成本 − 折旧费用

$\qquad\quad = 1\,500 - 900 - 86$

$\qquad\quad = 514$（万元）

所得税 = 税前利润 × 所得税税率

$\qquad\quad = 514 \times 20\%$

$\qquad\quad = 102.8$（万元）

净利润 = 税前利润 − 所得税

$\qquad\quad = 514 - 102.8$

$\qquad\quad = 411.2$（万元）

$NCF_{(2-24)}$ = 净利润 + 折旧费用

$\qquad\quad = 411.2 + 86$

$\qquad\quad = 497.2$（万元）

第三，项目终止阶段。

残值回收：500万元；

垫付的营运资金回收：150万元。

NCF_{25} = 税后利润 + 折旧费用 + 营运资金回收 + 残值回收

$\qquad\quad = 411.2 + 86 + 150 + 500$

$\qquad\quad = 1\,147.2$（万元）

所以，该项目各年的现金流量如上所述。

任务三　项目投资决策评价指标

一、项目投资决策评价指标的含义

项目投资决策评价指标是用于衡量和比较投资项目是否值得进行的定量化标准与

尺度。这些量化的指标可以帮助决策者从财务角度分析项目的盈利能力、风险和可行性。

按照是否考虑货币时间价值，可以将项目投资决策评价指标分为静态评价指标和动态评价指标两大类。静态评价指标在计算过程中不考虑货币时间价值，如静态投资回收期和投资收益率；动态评价指标在计算过程中需要充分考虑和利用货币时间价值，又称为折现评价指标，如净现值、净现值率、利润指数和内部收益率等。这些指标为投资者提供了全面的评估工具，以确保投资决策的科学性和有效性。

二、静态评价指标

（一）静态投资回收期

静态投资回收期（Static Payback Period），也简称为回收期，是指在不考虑货币时间价值的条件下，通过项目运营产生的现金流全部抵偿原始投资所需要的时间。这是衡量项目投资风险和流动性的一种简单且直观的方法。一般来说，回收期越短越好，只有回收期小于等于基准投资的回收期的项目才具有财务可行性。静态投资回收期包括两种形式：一是包括建设期的投资回收期；二是不包括建设期的投资回收期。

1. 静态投资回收期计算的两种情况

（1）如果一个项目的原始投资为一次性投入，且投产后每年的现金净流量（NCF）相等，则可以用简单的公式计算出回收期：

$$不包括建设期的投资回收期 = \frac{投资总额}{年现金净流量} \quad (5\text{-}4)$$

$$包括建设期的投资回收期 = \frac{投资总额}{年现金净流量} + 建设期 \quad (5\text{-}5)$$

（2）如果一个项目投产后每年的现金净流量不相等，那么就不能用上述简单的公式进行计算投资回收期，假设第 n 年为收回全部投资额的整数年限，由于每年的现金净流量不相等，则需要考虑每一年的现金净流量累计额，公式为：

$$投资回收期 = (n\text{-}1) + \frac{第\ n\text{-}1\ 年尚未收回的投资额}{第\ n\ 年的现金净流量} \quad (5\text{-}6)$$

通常，使用列表法，将每一年的现金净流量列在表格中，能更加直观地计算投资回收期。

例题【5-5】 某合作社有一投资项目 A，一次性投入原始投资，投资额为 120 万元，连续 5 年每年的现金流量为 40 万元。请计算该项目的投资回收期。

解析：由于每年的现金流量都相等，则直接用投资总额除以年现金净流量即可，题目中未提及建设期，因此本题暂时不考虑建设期。

$$投资回收期 = \frac{投资总额}{年现金净流量} = 120/40 = 3（年）$$

所以，该项目的投资回收期为 3 年。

例题【5-6】 某合作社有一投资项目 B，一次性投入原始投资，投资额为 120 万元，每年现金净流量均不相等，具体现金流量数据如表 5-1 所示，请计算该项目的投资回收期。

表 5-1 项目 B 的现金流量   单位：万元

项目	0	1	2	3	4	5	6
初始投资额	120						
每年现金净流量		30	40	45	50	60	75

解析：由表 5-1 可知，累计每年的现金净流量，第 4 年可以全部回收原始投资，则该项目的投资回收期为：

$$投资回收期 = (n-1) + \frac{第 n-1 年尚未收回的投资额}{第 n 年的现金净流量}$$

$$= (4-1) + \frac{5}{50}$$

$$= 3 + 0.1$$

$$= 3.1（年）$$

所以，该项目的投资回收期为 3.1 年。

2. 静态回收期的优缺点

优点：一是简单易懂，操作方便，静态回收期是一个容易理解且计算简便的指标；二是风险提示，一般来说，静态回收期越短，说明资金回收得越快，项目的风险越小。

缺点：一是未考虑货币时间价值。静态回收期没有考虑现金流的时间点，可能导致对项目盈利与否判断偏差；二是未考虑回收期后的现金流，如果项目在回收期之后还有大量的现金流入，这些现金流对项目的总体盈利性是重要的，但静态回收期没有考虑这些；三是不能比较不同规模的项目，静态回收期是一个绝对的时间长度，不能对不同规模的项目进行直接比较。

（二）会计收益率

1. 会计收益率的计算

会计收益率（Accounting Rate of Return，ARR），也称为简单收益率或会计回报率，是一种评价投资项目是否可以接受的财务指标。会计收益率通过比较项目的年平均净利润与投资总额来计算，其计算公式如下：

$$会计收益率 = \frac{年平均净利润}{投资总额} \times 100\% \qquad (5-7)$$

使用会计收益率评价项目是否可行时，主要看其是否高于行业或投资者设定的基准。对单个项目进行决策时，如果会计收益率高于其基准，则说明该项目可行。对多个项目进行决策时，则会选择会计收益率最高的项目。

例题【5-7】 某合作社准备投资一新项目，投资金额为100万元，该项目的预计使用寿命为5年，净残值为0，预计项目每年的净利润为：第1年10万元，第2年15万元，第3年20万元，第4年25万元，第5年40万元。已知行业的基本收益率为18%，请问该项目是否值得投资？

解析：

年平均净利润 = 各年净利润之和 / 投资项目使用寿命

$\qquad$ = （10+15+20+25+40）/5

$\qquad$ = 22（万元）

$$会计收益率 = \frac{年平均净利润}{投资总额} \times 100\%$$

$$= \frac{22}{100} \times 100\%$$

$$= 22\%$$

由于计算出该项目的会计收益率为22%，大于行业基本收益率18%，所以该项目值得投资。

2. 会计收益率的优缺点

优点：一是基于会计数据，由于会计收益率运用的是净利润进行计算，通常是经过审计的会计报表数据，比较靠谱。二是简单易懂，计算简单，方便操作。

缺点：一是未考虑货币时间价值。会计收益率未考虑货币时间价值，即未来收益与现值之间的差异。二是受会计政策的影响，净利润的计算依赖会计政策。例如折旧方法的选择，可能会影响计算净利润的结果。

三、动态评价指标

（一）净现值

1. 净现值计算

净现值（Net Present Value，简称NPV）指按照预计的折现率将项目未来现金流入量与未来现金流出量换算为现值后进行差额计算，用于评估投资项目或决策的盈利性和可行性。若净现值大于零（NPV>0），表明投资项目的收益超过了投资成本，通常认为该项目是可行的。如果净现值小于零（NPV<0），表明投资项目的收益未能覆盖投资成本，通常认为项目不可行。如果净现值等于零（NPV=0），则意味着项目的收益刚好等于投资成本。

需要注意的是，与静态评价指标不同，净现值考虑了货币时间价值，需要对现金流进行折现，在本节中，折现率是已知的，通常也称为贴现率、必要报酬率、资本成本或机会成本率，这是企业在市场价值不变时要求得到的最低回报。

计算公式：

$$\text{净现值（NPV）} = \text{未来现金净流量现值} - \text{原始投资额现值} \quad (5-8)$$

例题【5-8】 假设某合作社计划购买一栋民宿，购买价格为 4 000 万元，购买后预计合作社每年会获得 300 万元的民宿租金收入，连续 5 年。第 5 年取得租金后，还可将该民宿以 4 000 万元的价格出售。资本成本为 7%。请问该民宿项目每年的现金流量和净现值是多少？该计划是否可行？（不考虑所得税）

解析：

购买价格：4 000 万元；

第 1 年至第 4 年每年的租金收入：300 万元；

第 5 年租金收入：300 万元；

出售民宿收入：4 000 万元。

由此可知：$NCF_0 = -4\,000$（万元）

$NCF_{(1-4)} = 300$（万元）

$NCF_5 = 300 + 4\,000 = 4\,300$（万元）

$NPV = 300 \times (P/A, 7\%, 5) + 4\,000 \times (P/F, 7\%, 5) - 4\,000$

$\quad\quad = 300 \times 4\,100 + 4\,000 \times 0.713 - 4\,000$

$\quad\quad = 1\,230 + 2\,852 - 4\,000$

$\quad\quad = 82$（万元）

所以，净现值大于零，说明该计划可行。

2. 净现值法的优缺点

优点：一是考虑了货币时间价值，即将未来的现金流量折算成现在的价值，有利于准确评估项目的真实价值。二是全面性，净现值法考虑了整个项目期所有预期现金流，包括正现金流和负现金流，提供了较为全面的评估。三是易于理解，便于判断。净现值的原理即使是非财务人员也容易理解，净现值是否大于零判断项目是否可取，相对简便。四是考虑了投资风险，计算净现值运用贴现率，风险越大，贴现率越高。

缺点：一是无法直接反映投资项目的真实收益率水平。二是忽视项目投资规模，净现值是一个绝对数，如果几个投资方案的投资规模不同，很难将两个净现值结果均为正值的项目进行比较。

（二）内含报酬率

1. 内含报酬率概念

内含报酬率（Internal Rate of Return，简称 IRR）是指净现值（NPV）等于零的折现率，即在该折现率下，项目未来现金流入的现值总和等于初始投资的现值。它是用于评估投资项目盈利能力的一个重要指标。与净现值不同，内含报酬率是一个相对值指标，如果某项目的内含报酬率大于或等于其资本成本或基本收益率，说明该投资项目可行，反之，项目则不可行。在众多的备选项目中，优先选择内含报酬率较高的项目。

2. 内含报酬率的计算方法

（1）插值法。

$$内含报酬率 = 低折现率 + \frac{低折现率的净现值 - 0}{低折现率净现值 - 高折现率净现值} \times (高折现率 - 低折现率) \quad (5-9)$$

$$内含报酬率 = 低折现率 + \frac{终值或现值系数 - 低折现率系数}{高折现率系数 - 低折现率系数} \times (高折现率 - 低折现率) \quad (5-10)$$

（2）计算过程。

①如果每年的现金净流量一致，可以使净现值为零，计算过程为：

每年现金净流量 × 年金现值系数 = 原始投资额现值；

变形后：原始投资额现值 ÷ 每年现金净流量 = 年金现值系数；

查询年金现值系数表；

插值法计算内含报酬率。

②如果每年的现金净流量不一致，则用试错法计算，其计算过程为：

首先预估一个折现率，按照预估的折现率尝试计算出净现值接近于零的两个正负折现率；

采用插值法计算内含报酬率。

例题【5-9】 假设某合作社计划投资一个新项目，该项目需要一次性投入 300 万元。项目预计持续 3 年，每年的现金流入为 150 万元。如果该公司的资本成本为 12%，请计算该项目的内含报酬率（IRR）（不考虑所得税）。

解析：

一次性投入为 300 万元。

每年的现金流入为 150 万元。

$150 \times (P/A, IRR, 3) - 300 = 0$

$(P/A, IRR, 3) = 300/150 = 2$

查表可知,当 IRR=20%,系数是 2.106 5,当 IRR=24%,系数是 1.981 3,而系数 2 刚好介于 2.106 5 与 1.981 3 之间,因此可以采用插值法计算内含报酬率。

$$IRR = 20\% + \frac{2-2.106\ 5}{1.981\ 3 - 2.106\ 5} \times (24\% - 20\%)$$
$$\approx 23.4\%$$

在本项目中,资本成本为 12%,而计算出内含报酬率约等于 23.4%,大于资本成本,所以可以投资。

3. 内含报酬率的优缺点

优点:一是充分考虑了货币的时间价值。二是反映了投资项目可能达到的报酬率,易于被高层决策者理解。三是可以通过计算各方案的内含报酬率,反映各独立方案的获利水平。

缺点:一是计算复杂,不易直接考虑投资风险大小。二是在互斥方案决策时,如果各方案的原始投资额现值不相等,有时无法做出正确的决策。

项目小结

项目投资决策是一个复杂而重要的过程,需要企业或组织综合运用财务分析、市场研究、风险评估等多种手段,以确保决策的科学性和有效性。本项目主要介绍了项目投资决策的认知、现金流量及项目投资决策评价指标(静态评价指标和动态评价指标)。通过本项目的学习,相关人员能够更深入地理解项目投资决策的原理和方法,并在实践中加以应用。

习题与实训

扫描二维码答题

项目六　营运资金管理

学习目标

理解营运资金的概念及其特点；

理解企业持有现金的动因和目的；

掌握现金、应收账款及存货的管理办法，并会计算；

能够通过数据制定现金、应收账款及存货的管理制度，并为企业制定的营运资本控制政策提供建议。

引例

AA 制造企业改进应收账款管理办法

背景介绍：AA 制造企业一直以来面临应收账款积压的问题，导致资金回笼速度缓慢，影响了企业的日常运营和扩大生产。为了改善这一状况，该企业决定对应收账款管理方式进行改进。

问题分析：客户付款周期长、信用政策宽松、催收机制不健全。

改进措施：实施严格的信用政策；提供付款激励；引入自动催收系统。

实施效果：一是缩短平均收款周期，通过上述措施，该企业的平均收款周期显著缩短，资金回笼速度加快。二是提高资金周转率，资金回笼加速后，企业的资金周转率得到提高，能够更好地支持日常运营和扩大生产。三是降低坏账率，严格的信用政策和健全的催收机制有效降低了坏账率，保障了企业的财务安全。

通过此案例可以看出，营运资金的管理对于企业的发展来说很重要，不同的行业，营运资金管理有所不同，本项目就是针对于营运资金管理进行阐述。

任务一　营运资金的认知

一、营运资金的概念

营运资金（Working Capital），又称营运资本，是指企业在日常经营活动中用于维持其正常运营所需的流动资产净值。它是企业流动资产与流动负债之间的差额，反映了企业在短期内偿付债务的能力以及维持日常经营活动所需的资金量。

二、营运资金的特点

了解营运资金的特点，有利于更好地管理营运资金，下面将介绍营运资金的普遍特点。

（1）流动性高。企业的营运资金一般由现金、应收账款、存货等流动资产构成，这类资产可以在短期内（一般为一年内）转换成现金，所以具有很高的流动性。

（2）周转速度快。在经营活动中，营运资金不断循环和周转。例如，存货卖出后变成现金，现金用于购买原材料再次变成存货。这个过程往往发生在一个营业周期内。

（3）变现能力强。除现金外其他非现金形态的营运资金，如应收账款、存货等流动资产可以在较短时间内变卖，以获取现金。

（4）波动性强。营运资金的数量会随着企业生产经营活动的内外部条件变化而波动，企业需要预测并控制其变动，以保证正常的生产运营。

（5）灵活性强。营运资金的筹集和使用相对灵活多样，便于企业根据需要进行调整。

三、营运资金管理的概念

营运资金管理是指企业为了确保日常经营活动的正常进行，对流动资产和流动负债进行的有效的计划、组织、指导和控制的过程。其核心目标是优化企业的流动资产和流动负债结构，确保企业具有足够的流动性来满足短期债务的偿还和日常经营活动的资金需求，同时尽量减少资金的占用成本，提高资金的使用效率。

四、营运资金管理的重要性

（1）确保流动性。营运资金管理可确保企业有足够的流动资产来满足日常运营的需要，包括支付短期债务、购买原材料、支付工资和日常开支等。良好的营运资金管理可以防止企业因流动性不足而陷入财务困境。

（2）提高资金使用效率。通过有效的营运资金管理，企业可以优化现金流、应收账款和存货的周转速度，减少资金被无效占用的时间，从而提高资金的使用效率。

（3）降低财务风险。管理好营运资金可以降低企业无法偿还短期债务的风险，减少因资金链断裂导致的破产风险。

（4）改善财务健康状况。通过减少应收账款和存货的持有成本，以及优化应付账款的支付策略，营运资金管理有助于改善企业的财务状况和盈利能力。

（5）提高市场竞争力。通过快速回笼资金和有效控制成本，营运资金管理可以帮助企业在市场上保持竞争力。

任务二　现金管理

一、现金管理概述

现金是企业日常经营活动中停留在货币形态的货币资产，它具有流动性强、收益率低等特点。企业对现金的管理就是平衡现金的流动性和收益性，使其既能保证企业的直接支付能力和应变能力，又能提升企业的收益。企业中常见的现金有库存现金、银行存款及其他货币资金。

（一）持有现金的动机

1. 交易动机

交易动机指在企业的日常运营过程中，为了确保生产与销售活动的顺畅进行，企业必须维持一定的现金储备。由于销售商品通常存在一定的账期，现金流入存在延迟，而购买原材料、发放员工薪资等开支却需要即时支付，因此，企业为了满足这些基本运营需求而持有的现金，即为满足交易动机所需的现金储备。换句话说，这就是企业为了支持其采购、生产和销售活动而必须保持的现金余额。

2. 预防动机

预防动机指在企业的日常运营过程中，发生不确定事件从而影响企业正常现金需求量，为了应对不确定性而需要维持的一定的现金储备。这种不确定性取决于企业所处的环境以及自身的经营条件。例如，自然灾害、生产意外、客户延迟付款或是国家政策的突发调整等因素，都可能颠覆企业原本计划的现金流平衡状态。为此，企业必须储备一定量的额外现金，以便于应对可能出现的突发状况。

3. 投机动机

投机动机指企业可能会持有现金以利用市场上的投资机会，这涉及在金融市场上买卖证券或在实际商品市场上进行交易，目的是赚取投机性利润。例如，企业可能会在股市低迷时买入股票,待股价上涨后卖出,从而实现资本增值;或者,当企业预测到原材料成本即将大幅上涨时,它可能会使用手中的闲置现金在当前较低的价格水平上囤积原材料,以此来减轻未来成本上升对企业的负面影响。

4. 补偿动机

补偿动机是指企业为了获得银行提供的一些服务或优惠条件,而需要在银行账户中保持一定额度的现金余额。同时银行贷给企业款项时,也需要企业在银行中有存款以保证银行的资金安全。这种出于银行要求而保留在企业银行账户中的存款,就是补偿动机要求的现金持有。

企业持有的现金总额通常不超过满足上述四种现金持有动机总和。对于大多数企业而言,交易动机是企业持有现金的主要原因。而对于其他三种动机,除某些金融或投资公司外,通常少有企业会专门为之持有大量现金。只要企业维持良好的财务健康和较强的融资能力,它们通常可以通过临时融资手段来应对偶发性或非预期的资金需求。

(二)持有现金的成本

1. 持有成本

持有成本是指企业需要支付一定的费用来维护和管理现金资产的安全。这可能包括保险费用、安全措施(如雇用保安或安装监控设备)以及专门的存储设施等。随着现金持有量的增加,这些成本也会相应上升。

2. 机会成本

机会成本是持有现金的最大潜在代价,即放弃其他投资机会可能带来的收益。例如,企业可以选择将资金投入股票、债券或其他投资项目,以期望获得更高的回报率。然而,持有过多现金可能导致这部分资金无法用于更有利可图的投资项目,从而失去赚取更多利润的机会。

3. 转换成本

转换成本是指企业在将现金转换为有价证券以及将有价证券变现为现金的过程中所承担的交易费用,这些费用包括但不限于交易佣金、手续费、过户费和交割费等。现金持有量与证券转换成本之间的关系可以这样表述:在企业的现金需求保持不变的情况下,持有的现金越少,企业为了满足资金需求而将有价证券转换为现金的频率就会越高,这会导致总的转换成本增加;相反,如果持有的现金较多,将有价证券变现的频率就会降低,相应的转换成本也会减少。因此,现金的持有量会根据证券变现频率的不同,对转换成本产生直接的影响。

4. 短缺成本

短缺成本是指企业在现金储备不足,并且不能迅速将其他资产转换为现金的情况下所遭受的损失，这些损失包括直接和间接两个方面。现金的短缺成本与现金持有量之间存在一种反向比例的关系，即现金持有量越低，短缺成本越高；反之，现金持有量越高，短缺成本越低。

（三）现金管理的目标

企业现金管理的核心宗旨之一，是确保企业拥有稳健的偿付能力。若企业无法按时偿还到期债务，可能会严重损害其商业信誉，引发信用损失，并有可能使企业面临财务困境。维持适当的现金储备是预防这些风险的关键。然而，由于现金不会为企业带来直接的收益，过度持有现金会减少资金的有效利用，进而影响企业的价值。因此，现金管理的目标是在确保企业日常运营所需现金流充足的前提下，尽可能地减少资金占用，降低资金成本，提升资金利用效率，并在保持流动性的同时寻求最佳的盈利平衡点。

二、最佳现金持有量的确定

现金是企业运营中不可或缺的流动性资源，然而，现金的收益率很低。企业如果持有过多现金，将导致资金利用效率降低，影响企业的盈利能力。因此，企业必须根据自身的现金需求，计算出最佳现金持有量。在财务管理的实践中，有多种策略可以用来确定这个最优现金余额，这里我们将重点阐述两种主流方法：成本分析法（成本分析模型）和存货法（存货模型）。

（一）成本分析法

成本分析法旨在通过对现金持有成本的分析，来预测和找出能够使总体成本最小化的现金持有量。在应用这一方法时，仅将现金持有的潜在投资损失（即机会成本）和现金不足导致的潜在损失（即短缺成本）纳入考虑范围，不考虑其他如资金持有成本或资金转换成本。其中，机会成本随着现金储备的增加而上升，而短缺成本则随着现金储备的减少而上升，两者之间存在一种反向的关联性。在这种方法下，最佳持有量就是机会成本与因持有现金而产生的短缺成本之和最小时的现金持有量。公式表示为：

$$总成本 = 机会成本 + 短缺成本 \tag{6-1}$$

其中，机会成本为因持有现金而丧失的再投资收益。

$$机会成本 = 平均现金持有量 \times 有价证券收益率 \tag{6-2}$$

对于一个企业来说，如果现金的平均持有量越多，可以投资的机会就越少，那么机会成本越多，但因现金短缺而带来的短缺成本将会越小，所以现金的平均持有量与机会成本呈正比例变动关系，与短缺成本呈反比例变动关系，如图6-1所示。

在实际运用成本分析法计算最佳现金持有量时，通常比较各方案的成本后进行决策，可以先分别计算出各个方案对应的机会成本、短缺成本、持有成本后，再从中选取总成本之和最低的现金持有量，即最佳现金持有量。

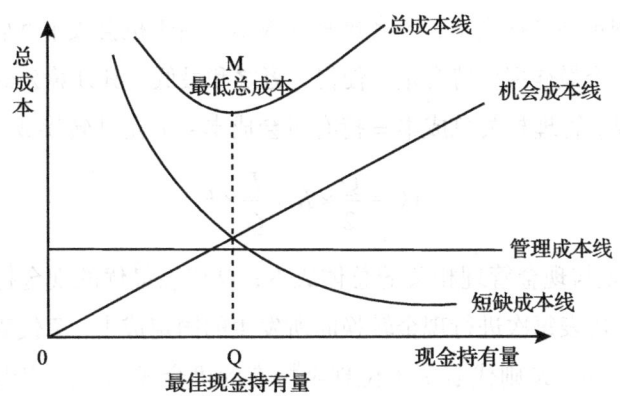

图 6-1 成本分析模型示意图

例题【6-1】 得得合作社现有甲乙丙丁四种现金持有方案，有关成本资料如表 6-1 所示，请选择出哪个方案为最佳现金持有量。

表 6-1 得得合作社的备选现金持有量方案

项目	甲方案	乙方案	丙方案	丁方案
现金持有量 / 万元	50	100	150	200
机会成本率	10%	10%	10%	10%
短缺成本 / 万元	40	20	10	0

解析：根据表 6-1，可以计算出上述四种方案持有现金的相关总成本，如表 6-2 所示。

表 6-2 得得合作社最佳现金持有量测算结果　　单位：万元

方案	现金持有量	机会成本	短缺成本	相关总成本
甲方案	50	50×10%=5	40	45
乙方案	100	100×10%=10	20	30
丙方案	150	150×10%=15	10	25
丁方案	200	200×10%=20	0	20

根据分析，得得合作社现金持有量为 200 万元时，相关总成本最低，所以，得得合作社应该选择丁方案。

（二）存货法

存货法是 1952 年由美国经济学家威廉·鲍莫尔提出的经济批量模型。鲍莫尔提出，企业在管理现金时可以借鉴存货管理的思路，即利用经济批量模型来确定最合适的现金储备量。据此，他构建了鲍莫尔模型，该模型认为企业的现金持有策略与存货控制策略存在类比性，通过这一模型可以计算出最优的现金持有量。在此方法下，只考虑持有现金的机会成本与固定性转换成本，不考虑短缺成本。由于机会成本和转换成本变化方向相反，因此存在一个最佳现金持有量，使得二者之和最低。其计算公式为：

现金管理相关总成本 = 持有机会成本 + 固定性转换成本

$$TC = \frac{Q}{2} \times K + \frac{T}{Q} \times F \qquad (6-3)$$

式中，TC 代表与现金管理相关的总体成本；Q 代表最优的现金持有量，即理想的现金转换额度；F 代表每次进行现金转换时所发生的固定成本；T 代表在一个特定周期内对现金的总需求量；K 则代表每单位现金持有的机会成本，这相当于放弃的投资收益率，比如持有现金而不购买有价证券的收益，或者相当于借款的利息成本。

持有现金的机会成本与转换成本相等时，现金管理的总成本最低，此时的现金持有量为最佳现金持有量：

$$Q = \sqrt{\frac{2 \times T \times F}{K}} \qquad (6-4)$$

把公式（6-4）代入公式（6-3），则最低现金管理总成本的计算公式为：

$$TC = \sqrt{2 \times T \times F \times K} \qquad (6-5)$$

例题【6-2】 假设得得合作社每日现金流相对稳定，预计全年（按 360 天计算）需要现金 216 万元，现金与有价证券的转换成本为每次 400 元，有价证券的年利率为 12%，请问得得合作社的最佳现金持有量是多少？最低现金管理相关总成本是多少？

解析：

最佳现金持有量的计算公式为 $Q = \sqrt{\dfrac{2 \times T \times F}{K}}$

将数据代入公式，得到 $Q = \sqrt{\dfrac{2 \times 216 \times 10\,000 \times 400}{12\%}}$

$= 120\,000$（元）

最低现金管理相关总成本的计算公式为 $TC = \sqrt{2 \times T \times F \times K}$

将数据代入公式，得到 $TC = \sqrt{2 \times 216 \times 10\,000 \times 400 \times 12\%}$

$= 14\,400$（元）

所以，得得合作社最佳现金持有量为 120 000 元，最低现金管理相关总成本为 14 400 元。

三、日常现金管理

日常对现金的管理是企业财务管理中的一项常态化工作。其核心目标在于加速现金的回笼，同时尽可能地推迟现金的支出，以此提升现金的流动性和周转率。在当今的金融环境中，由于金融工具和技术的进步，现金管理的效率相比传统环境有了显著的提升，操作更加高效和迅速。

在企业日常经营活动中，对于现金的收入，可以通过采用电子支付手段以加快现金的回款速度。如果采取票据方式进行结算，应选用快速传递的寄送服务，并在收到票据后，尽可能地提升票据的处理速度。对于现金支出的管理则应采取相反的策略，即在遵守合同的前提下，尽可能地推迟支付现金的时间。具体实践中，这包括利用现金的浮动期、运用商业信用、合理安排付款时间以及使用银行汇票等支付手段来实现这一目标。

任务三　应收账款管理

一、应收账款的概述

应收账款是指在赊销业务中尚未收回的款项。应收账款管理是指从债权成立开始，到款项实际收回或作为坏账处理结束，授信企业（销售方）采用系统的方法和科学的手段，对应收账款回收全过程所进行的管理。其目的是保证足额、及时收回应收账款，降低和避免信用风险。

（一）应收账款产生的原因

（1）市场竞争。在竞争激烈的市场环境中，企业为扩大市场份额、提高竞争力，常采用赊销或者提供信用销售的方式，允许他们在收到商品或服务后的一段时间内支付款项。这种销售方式是企业获取客户、提升竞争力的一种手段，也从而产生了应收账款。

（2）时间差异。商品成交时间与收到货款时间经常不一致，导致应收账款的产生。这种时间差可能由于结算手段落后、购销单位距离远、销售结算方式选择等因素造成。

（3）行业惯例。如批发、建筑或专业服务等行业，通常会有较长的付款周期，另有一些合同条款或法律规定，企业可能需要在提供服务或交付商品后的一定期限内等待付款，从而产生应收账款。

应收账款的产生是商业活动中常见现象，它是企业在追求自身稳定发展和维系客户关系的过程中权衡利弊的结果。然而，企业也需要对应收账款进行有效管理，以控制信用风险和保持良好的现金流。

（二）应收账款的成本

1. 机会成本

应收账款占用了企业的资金，如果这些资金不被应收账款占用，而是用于其他投资，可能会获得一定的收益。这种因应收账款占用资金而丧失的潜在收益就是机会成本。机会成本的计算公式为：

$$应收账款机会成本 = 应收账款占用资金 \times 资金成本率 \quad (6-6)$$

$$应收账款占用资金 = 应收账款平均余额 \times 变动成本率 \quad (6-7)$$

$$应收账款平均余额 = \frac{年赊销额}{360} \times 平均收账天数 \quad (6-8)$$

例题【6-3】 假设某合作社的年度赊销收入净额为 3 000 万元，应收账款周转期为 60 天，变动成本率为 60%，资本成本率为 10%，请计算该合作社应收账款的机会成本。

解析：

$$应收账款平均余额 = \frac{年赊销额}{360} \times 平均收账天数$$

$$= 3\,000/360 \times 60$$

$$= 500（万元）$$

应收账款占用资金 = 应收账款平均余额 × 变动成本率

$$= 500 \times 60\%$$

$$= 300（万元）$$

应收账款机会成本 = 应收账款占用资金 × 资金成本率

$$= 300 \times 10\%$$

$$= 30（万元）$$

所以，该合作社应收账款的机会成本为 30 万元。

2. 管理成本

指企业对应收账款进行管理所发生的费用支出，主要包括对客户的资信调查费用、收集信息费用、账簿记录费用、催收账款费用等。

3. 坏账成本

指因客户不能支付应收账款而发生的损失，发生坏账的原因主要是客户破产、解散、财务状况恶化或拖欠时间较长等。

（三）应收账款管理的目标

应收账款管理的目标是在求得利润的同时降低相关成本。具体来说，应收账款管理旨在通过系统的方法和科学的手段，确保足额、及时收回应收账款，以降低和避免信用风险。包括提高收款速度，加速资金周转；控制坏账风险，降低坏账发生概率；优化应收账款结构，合理安排账期和付款方式；加强监控和分析，及时发现问题并采取措施；以及提高客户满意度，降低应收账款风险。此外，应收账款管理还注重发挥应收账款的功能，同时尽可能降低其成本，以提高企业的流动性和盈利能力。综上所述，应收账款管理的核心目标是实现利润最大化，同时有效控制和降低相关成本。

二、应收账款的信用政策

应收账款的信用政策是企业为了控制信用风险、优化现金流和促进销售而制定的一系列规则和指导方针。主要包括以下三个方面内容。

（一）信用标准

信用标准指客户获得企业商业信用所必须达到的最低信用水平，通常以预期的坏账损失率作为判别标准。信用标准影响坏账损失、应收账款机会成本以及企业销售量。企业在设定信用标准时需要考虑几个要素：首先是行业内的竞争状况；其次是企业自身的风险承受力；最后是客户的信誉水平。若企业设定的信用标准过于严格，可能会导致许多潜在客户因不符合这些标准而被排除在外。虽然这样可减少违约风险和收款成本，但也会限制企业在市场上的竞争力和销售收入。反之，如果企业采用较为宽松的信用标准，虽然有助于增加销售量、提升市场竞争力和市场份额，但也可能伴随着更高的坏账损失风险和收款成本。因此，企业应当在权衡成本与收益的基础上，找到一个适当的信用标准平衡点。

（二）信用条件

信用条件是指企业在评估客户信用等级后，对其提出的付款要求，这些条件由信用期限、折扣期限和现金折扣三个要素组成。具体来说，付款期限是客户必须完成付款的最长时间限制，折扣期限是客户能够获得现金折扣的特定时间段，而现金折扣则是为了鼓励客户提前支付而提供的一种价格优惠。例如，常见的信用条件"2/10，n/30"意味着客户如果在发票日期后的 10 天内付款，可以享受 2% 的折扣，而整个账单的应付期限为 30 天。提供更为优惠的信用条件可能会刺激销售增长，但同时也会导致企业承担额外的成本，比如增加应收账款的机会成本和现金折扣的财务负担。

（三）收账政策

收账政策是企业为应对客户违反信用条件、拖欠或拒付账款时所采取的收款策略与措施。它是信用政策的重要组成部分，旨在最大限度收回被拖欠的账款。收账政策的制定需考虑收账费用与减少坏账损失之间的权衡。具体策略包括：对过期较短账款的温和催收，对过期较长账款的频繁催款，以及必要时采取法律手段。企业还可委托收账代理机构进行催收，但需权衡其较高费用。有效的收账政策需结合企业实际情况，既不过于宽松也不过于严格，以保持与客户关系的平衡，同时降低坏账风险。总之，收账政策需灵活制定，根据客户信用状况及拖欠情况采取不同策略，以实现账款回收效果最大化。

例题【6-4】 某公司正在考虑调整其应收账款管理政策，表 6-3 为现行政策和拟调整政策的数据对比。请根据以下信息，计算两种政策下的应收账款总成本，并比较哪种政策更优。假设公司资金成本率为 10%。

表 6-3 某企业收账政策方案

项目	现行收账政策	拟改变的收账政策
年收账费用 / 万元	120	160
应收账款平均收账天数 / 天	45	25
坏账损失占赊销额的百分比 /%	4	3
赊销额 / 万元	8 000	8 000
变动成本率 /%	65	65

解析：根据表 6-3 的数据，分别计算两种方案收账总成本，如表 6-4 所示。

表 6-4 收账政策分析评价

项目	现行收账政策	拟改变的收账政策
赊销额 / 万元	8 000	8 000
应收账款平均收账天数 / 天	45	25
应收账款平均余额 / 万元	8 000÷360×45=1 000	8 000÷360×25=555.56
应收账款占用的资金 / 万元	1 000×65%=650	555.56×65%=361.11
应收账款机会成本 / 万元	650×10%=65	361.11×10%=36.11
坏账损失 / 万元	8 000×4%=320	8 000×3%=240
年收账费用 / 万元	120	160
收账总成本 / 万元	505	436.11

可以看出，拟改变的收账政策使收账总成本变少了，所以，可以选择拟改变的收账政策。

企业在设定信用标准、信用条款以及收账策略时，需要考虑多种多样的因素，包括销售信贷额度、信贷期限、账款回收期限、付款折扣、坏账损失、产能过剩情况、信用管理部门的成本、资金的机会成本以及库存投资等变动。这些变量的存在使得制定有效的信用政策变得相当复杂。通常来说，最优的信用政策是指企业在宽松或严格的信用策略之间选择，能够最大化其收益的那一套政策。换句话说，最佳的信用政策是能够在不同信用策略中找到最能提升企业整体盈利能力的平衡点。

三、应收账款的日常管理

应收账款的日常管理主要包括如下内容。

（一）账龄分析

通常情况下，客户逾期未付款的时间越久，回收款项的概率就越低，转化为坏账的风险也相应增加。因此，企业需要加强监控，实时了解款项的回收状况。为了有效管理应收账款，企业可以定期制作账龄分析报告来进行日常监督。

账龄分析表是根据应收账款的到期日，将这些款项分类为不同的时间段，通常是按照逾期时间的长短来划分，比如当前月份、上月、上两个月等。通过这种分类，可以清晰地看到哪些款项已经逾期，逾期多久，以及尚未到期的款项有多少。如表6-5所示。

表6-5　得得公司的账龄分析（2023年12月31日）

应收账款账龄	客户数量/家	金额/万元	百分比/%
信用期内	100	500	56.8
超过信用期1~30天	50	200	22.7
超过信用期31~180天	20	80	9.1
超过信用期181~360天	15	60	6.8
超过信用期360天以上	5	40	4.5
合计	190	880	100.0

通过对企业应收账款的账龄进行分析，财务管理人员应当将重点放在促进逾期应收账款的回收上。此外，还需要深入探讨并制定更新的信用政策。同时，应当建立和维护购货单位的信用档案，尤其是记录其逾期支付的具体情况、成因及存在的问题。这些信息应当详尽记录，并对其信用等级进行评估，这将作为未来是否继续提供信用交易的重要参考标准。

（二）信用评分法

信用评分法，即通过对一系列财务比例和信用相关指标进行量化打分，随后对这些分数进行加权求和，以计算出一个客户的总体信用得分，并基于该得分来进行信用评价的过程。计算公式如下：

$$Y=\beta x_1+\beta x_2+\cdots+\beta x_n \tag{6-9}$$

式中，Y为某企业的信用评分；β为事先拟定的对第n种财务比率和信用品质进行加权的权数；x_n为第n种财务比率和信用品质的评分。

企业可基于其所在的行业特性、业务状况等内外部因素，决定各项财务指标和信用属性的重要性，并挑选出需要加入评分模型的财务指标和信用属性。接着，依据过往的数据分析和未来的业务展望，对这些财务指标和信用属性分配适当的权重。在将目标企业的相关数据输入该模型后，便可得出该企业的信用评分结果。

(三)坏账损失的处理

在市场经济的框架下,企业在提供商业信用时,遭遇坏账损失是无法完全避免的。根据现行的企业财务规则,企业可以选择在坏账发生的当期直接核销,或者遵循谨慎性原则,在年末通过特定的方法来预提坏账准备金。

(四)应收账款的追踪分析

企业需在收回赊销款项前,对应收账款的整个流程进行持续的监控和分析,特别要关注赊销商品的变现能力。企业需要详细考察赊购客户的信用状况和偿还能力,评估其手头的现金持有量及其流动性是否足以清偿债务。特别是对于那些欠款金额较大、信用记录不良的客户,企业应将其作为监控的关键对象,以提前预防和控制潜在的坏账风险。

任务四　存货管理

一、存货的概述

存货指企业在日常活动中持有的以备出售的产成品或商品、处在生产过程中的在产品、在生产过程或提供劳务过程中耗用的材料和物料等,可分为原材料存货、在产品存货和产成品存货3类。它是企业的一项重要流动资产,在企业的流动资产总额中往往占有很大的比重,且流动性大、品种类别繁多。

(一)存货的成本

1. 取得成本

指为了取得某种存货而付出的代价,通常由购置成本和订货成本两部分构成。

(1)购置成本。购置成本是指存货的基本购入价值,它通常通过将存货的数量与单位价格相乘来计算得出。在存货价格恒定且没有批量折扣的情况下,存货的购买成本在确定的进货总量前提下,一般会保持不变。然而,如果存货购买存在批量折扣,那么在订单数量发生变化时,必须考虑到购买成本随之发生的变动。

(2)订货成本。订货成本是指企业在获取订单过程中所产生的费用,这包括采购部门的日常运营费用、采购人员的出差费用、邮寄费用、通信费用等。在这些订货成本中,有一部分与订货次数无关,例如采购部门的固定支出,这部分被称为固定订货成本;另一部分则与订货次数直接相关,随着订货次数的增加而增加,如出差费用和邮费等,这部分被称为变动订货成本,它们是企业在做出采购决策时需要考虑的相关成本。购置成本与订货成本之和即存货的取得成本。

其公式可表达为:取得成本 = 购置成本 + 订货成本

= 购置成本 + 固定订货成本 + 变动订货成本

$$TC_A = F_1 + \frac{D}{Q} \times K + D \times U \qquad (6-10)$$

其中，TC_A 代表取得成本，F_1 代表固定订货成本，D 代表某一时期存货需求量，Q 代表每次进货量，K 代表每次订货的变动成本，U 代表存货的单价。

2. 储存成本

指在储存过程中所发生的费用，包括仓库房屋的折旧费、修理费、保险费和占用资金的利息等。储存成本可以分为固定储存成本和变动储存成本两类。固定储存成本与存货的多少无关，例如仓库的折旧费用、仓库员工的固定薪资等，而变动储存成本则与存货的数量直接相关，包括存货所占资金的利息费用、存货的损耗和腐烂损失以及为存货投保的费用等。变动储存成本一般通过将平均存货量与每单位存货的变动储存成本相乘的方式来计算。

其公式可表达为：储存成本 = 固定储存成本 + 变动储存成本

$$TC_C = F_2 + \frac{Q}{2} \times K_C \qquad (6-11)$$

其中，TC_C 代表储存成本，F_2 代表固定储存成本，K_C 代表单位存货的变动储存成本，Q 代表每次进货量，$\frac{Q}{2}$ 代表平均库存量。

3. 缺货成本

指由于存货不足导致供应中断所产生的成本，它涵盖了由于原材料短缺导致的停工损失、成品库存不足导致的延迟发货损失、错失销售机会的损失以及企业声誉的损害。如果生产企业在面临原材料短缺时采取紧急采购替代材料的方式来解决问题，那么缺货成本将体现为紧急采购额外材料而产生的超出常规支出的费用。

由此可见，企业储备存货的总成本由上述 3 项成本之和构成，其公式为：

$$TC = TC_A + TC_C + TC_S \qquad (6-12)$$

其中，TC 代表储备存货的总成本，TC_A 代表取得成本，TC_C 代表储存成本，TC_S 代表缺货成本。

（二）存货管理的目标

企业为确保生产和销售的正常进行，需要储备一些存货，但在因储备存货而降低缺货成本的同时又提升了取得成本和储存成本。因此，存货管理的目标是在保证生产和销售需求的前提下，通过降低成本和提高资金效率，实现存货的最优化管理。

（三）经济订货批量模型

经济订货批量是指在一定时期内，通过计算使得存货的总成本降至最低的采购数量。一旦确定了这一批量，就可以据此确定最佳的采购时机和采购频率。在计算经济订货批量时，由于影响存货成本的因素众多，我们需要简化问题，忽略一些次要因素，并做出一些基本假设。在此基础上，构建出经济订货批量的计算模型。

1. 基本模型

采用经济订货批量模型应满足以下基本假设：

（1）存货总需求量是已知常数；

（2）不允许缺货，无缺货成本，TC_S为零；

（3）货物一次性入库；

（4）单位货物成本为常数，无批量折扣；

（5）库存储存成本与库存水平呈线性关系；

（6）货物是一种独立需求的物品，不受其他货物影响。

满足上述基本假设后，与订购存货批量、批次直接相关的成本只有变动订货成本和变动储存成本两项。用公式表示为：

存货相关总成本 = 变动订货成本 + 变动储存成本

$$TC_Q = \frac{D}{Q} \times K + \frac{Q}{2} \times K_C \quad (6-13)$$

其中，TC_Q代表经济订货批量为Q时的存货总成本，K代表每次订货的变动成本，D代表存货的年需求量，Q代表经济订货批量，K_C代表存货的年单位储存成本。

如图6-2所示，用函数图来描述经济订货批量基本模型的原理，可以看出订货成本与订货量呈反比例关系，储存成本则随订货量呈正比例关系。当储存成本和订货成本相等时，总成本最低，此时的订货批量就是经济订货批量。

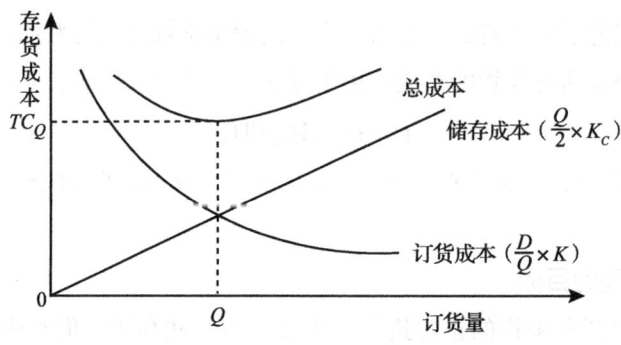

图6-2 经济订货批量基本模型

例题【6-5】得得公司预计2023年的A商品需求量为2 000 000件。该商品的单位成本为50元，每单位的年储存成本为1元，每次订货成本为2 500元。请计算以下指标：

（1）经济订货批量；

（2）经济订货批量的存货相关总成本；

(3)年度最佳订货批次;

(4)经济订货批量占用资金;

(5)最佳订货周期。

解析:

当储存成本和订货成本相等时,总成本最低,此时的订货批量就是经济订货批量。

即:$\dfrac{Q}{2} \times K_C = \dfrac{D}{Q} \times K$

经济订货批量 $Q = \sqrt{\dfrac{2 \times K \times D}{K_C}}$

$= \sqrt{\dfrac{2 \times 2\,000\,000 \times 2\,500}{1}}$

$= 100\,000$(件)

经济订货批量的存货相关总成本 $TC_Q = \sqrt{2 \times K \times D \times K_C}$

$= \sqrt{2 \times 2\,500 \times 2\,000\,000 \times 1}$

$= 100\,000$(元)

年度最佳订货批次 $N = \dfrac{D}{Q} = \sqrt{\dfrac{D \times K_C}{2 \times K}}$

$= \dfrac{2\,000\,000}{100\,000}$

$= 20$(次)

经济订货批量占用资金 $I = \dfrac{Q}{2} \times U = \sqrt{\dfrac{K \times D}{2 \times K_C}} \times U$

$= \dfrac{100\,000}{2} \times 50$

$= 2\,500\,000$(元)

最佳订货周期 $t = \dfrac{1}{N} = \sqrt{\dfrac{2 \times K}{D \times K_C}}$

$= \dfrac{1}{20}$

$= 0.05$(年)

2. 有数量折扣的经济订货批量模型

在存在数量折扣的情况下,经济订货批量模型需要考虑的不仅仅是订货成本和储存成本,还要将存货的采购成本纳入考量。这是因为销售商为了激励买家增加购买量,会提供不同等级的折扣，购买量越大，享受到的折扣力度也越大。因此，企业在决定经济订货批量时，除了传统意义上的订货和保管费用，还必须考虑到因购买量不同而产生的存货购置成本的变动。在经济订货批量模型基本假设不变的前提下，其相关总成本计算公式如下：

$$存货相关总成本 = 购置成本 + 变动订货成本 + 变动储存成本 \quad (6\text{--}14)$$

项目小结

营运资金管理是企业财务管理中的核心组成部分，对于维持企业正常运营、提高资金使用效率具有不可替代的作用。本项目主要介绍了现金管理、应收账款管理及存货管理。希望通过本项目的学习，企业能够采取科学合理的管理措施，并借助现代信息技术的支持，可以构建起一套高效稳健的营运资金管理体系。

习题与实训

扫描二维码答题

项目七　利润分配管理

学习目标

理解利润分配的基本概念、基本流程，掌握利润分配的主要形式；

学习利润分配的原则，分析不同分配方案的影响；

学会制定利润分配政策，评估政策的有效性、合规性和风险性。

引例

绿野农业合作社的利润分配决策

1. 背景介绍

绿野农业合作社是一家位于某乡村的农业合作社，主要从事有机蔬菜种植与销售。经过一年的努力，合作社实现了良好的经营业绩，净利润达到了100万元。现在，合作社管理层面临着如何合理分配这笔利润的问题。

2. 现状分析

合作社规模：共有50名成员，其中10名为核心成员，负责日常管理和技术指导。

财务状况：合作社目前拥有流动资金50万元，固定资产价值300万元，无负债。

市场需求：市场需求稳定增长，预计明年扩大生产规模后可进一步增加收入。

成员期望：大部分成员希望分红，但也有一部分成员认为应将更多利润用于扩大生产规模。

3. 面临的挑战

(1) 如何在保证合作社未来发展的同时满足成员的分红需求？

(2) 如何合理提取法定公积金和任意公积金？

(3) 如何制定一套公平且激励性强的利润分配方案？

4. 利润分配方案

(1) 提取法定公积金：按照国家规定提取10%作为法定公积金，即10万元。

(2) 提取任意公积金：考虑到未来发展的需要，再提取5%作为任意公积金，即

5万元。

（3）扩大生产规模：预留20万元用于购买新设备，扩大种植面积。

（4）分红：剩余的65万元按照成员贡献比例进行分红，其中核心成员获得较高比例的分红，普通成员按其投入劳动量获得相应分红。

5. 方案执行

（1）召开理事会：讨论并表决上述分配方案。

（2）公布结果：通过合作社公告栏公布最终的利润分配结果。

（3）执行与监督：由财务部门负责具体执行，并由监事会监督整个过程的公正性和透明度。

6. 后续影响

（1）成员满意度：大部分成员对此次利润分配表示满意，尤其是核心成员获得了应有的认可。

（2）合作社发展：合作社利用预留资金成功扩大了生产规模，第二年的销售收入增加了30%。

（3）品牌效应：合理分配增强了成员的信心，提升了合作社的品牌形象。

通过这个案例，可以看出在制定利润分配方案时，需要综合考虑法律法规的要求、合作社的发展需求以及成员的利益诉求。合理分配不仅能增强团队凝聚力，还能促进合作社的可持续发展。

任务一　利润分配的认知

一、利润分配的基本概念

1. 定义

利润分配是指农业专业合作社（本项目后续表述中均以农业专业合作社为例，简称合作社）在某个会计期间结束后，对其净利润按照一定的顺序和比例进行划分的过程。这个过程涉及从净利润中提取各项法定公积金和其他公积金，并最终将剩余部分分配给成员或其他利益相关方。

2. 目的

（1）保证合作社的持续发展。利润分配的第一个重要目的便是确保合作社的长期稳定发展。通过从净利润中提取法定公积金和其他形式的公积金，合作社能够为未来的运营和发展积累必要的资金。这些资金既可以用于弥补合作社在某些年份可能出现的亏损，保持合作社的财务健康状态；也可以被重新投入到合作社的生产经营活动中，用于购置新设备、扩大生产规模、拓展新的业务领域等，从而促进合作社的成长壮大。此外，合作社还可以通过留存利润来更新和升级其基础设施，如建设新的厂房、引入先进的生产线、优化物流系统等，以提高生产效率和服务质量。通过这种方式，合作社不仅能够在短期内维持正常的经营活动，还能为长期的战略发展提供坚实的财务支持。

（2）回报投资者。合作社通过向成员分配红利，使成员能够分享到合作社的经营成果，这是合作社成员获取投资回报的重要途径之一。合理的红利分配不仅能增强成员对合作社的信心，还能维护良好的成员关系，吸引更多投资者的关注和支持。具体来说，通过分红可以直观地展示合作社的盈利能力和对成员权益的尊重，从而使成员相信合作社管理层有能力带领合作社持续向前发展，增强他们对合作社的忠诚度和长期持有的意愿。同时，良好的利润分配机制有助于建立和谐的成员关系，促使成员更加积极地参与到合作社的重大决策中，共同推动合作社发展。

（3）符合法律法规要求。确保合作社的利润分配活动符合国家的法律法规要求，这是利润分配过程中不可忽视的一环。合法合规的利润分配不仅能避免法律风险，还能保护合作社和成员的合法权益。合作社在进行利润分配时，需要严格按照《中华人民共和国农民专业合作社法》等相关法律法规规定的程序执行，确保每一步骤都有法可依。利润分配的决策过程应当公开透明，让所有利益相关者都能够了解到分配的原则和方法，保证分配的公正性。通过合法合规的利润分配，可以有效地保护合作社和成员的合法权益不受侵害，营造良好的经营环境。

3. 对合作社财务状况的影响

（1）短期流动性。利润的分配对合作社短期内的财务健康有着直接的影响。如果合作社在利润分配时过于慷慨，将大部分甚至全部利润分配给成员，这可能会导致自身的现金流变得紧张。充裕的现金流对于合作社的日常运营至关重要，它能够帮助合作社支付供应商账单、满足员工薪酬、维持正常的经营活动等。因此，如果现金流不足，合作社可能会面临延迟付款、减少库存采购等一系列问题，进而影响到合作社的正常运作。相反，如果合作社在利润分配时采取审慎的态度，合理地留存部分利润而不全部分配出去，就能够保持良好的资金流动性。这种做法有利于合作社在遇到突发性财务需求时能够迅速做出反应，如及时抓住市场机会进行投资、应对突发事件导致的成本上升等，从而保证合作社能够在短期内平稳运行。

（2）长期发展。从长远来看，适当留存部分利润并将其作为合作社再投资的资金来源，对于支持合作社的扩张计划和技术升级具有重要意义。留存的利润可以被用于研发新产品、改进生产工艺、扩大市场份额等。这些投资能够帮助合作社在激烈的市场竞争中占据有利地位，促进合作社的可持续增长和发展。此外，通过留存利润来进行内部积累，合作社还可以减少对外部融资的依赖，降低融资成本和财务风险。这种自我造血式的资金积累机制，对于构建合作社的核心竞争力、推动合作社向着更加稳健的方向发展具有不可忽视的作用。

（3）成员关系。合理的利润分配政策不仅能够增强成员的信心，还能改善合作社与成员之间的关系。当成员看到合作社在保证自身健康发展的同时，还能够给予他们稳定的回报，他们会更加信任合作社管理层的决策，并愿意继续持有合作社份额甚至追加投资。良好的成员关系不仅有利于吸引更多的外部投资，还可以为合作社争取到更多的合作机会和支持，从而形成良性循环。

总之，利润分配是一项需要综合考虑合作社当前财务状况、未来发展目标以及成员利益的复杂决策。科学合理的利润分配策略，既能确保合作社资金的短期流动性，又能支持合作社的长期发展，同时还能够维护和增进与成员的良好关系。因此，合作社在制定利润分配政策时应当全面考量，平衡各方利益，实现可持续发展。

二、熟悉利润分配的流程

1. 净利润的形成

当一个会计年度结束时，合作社应对全年的财务状况进行全面总结，并聘请外部独立会计师事务所进行审计，以确保财务报告的真实性和准确性。净利润是指合作社在该会计年度结束后，扣除所有营业成本、运营费用以及应缴纳的各种税费之后的净收益。这一数值反映了合作社在过去一年中的经营成果，是利润分配的基础。净利润的基本计算公式为：

$$净利润 = 收入 - 成本 - 费用 - 税金 \tag{7-1}$$

2. 提取法定公积金

根据《中华人民共和国农民专业合作社法》的规定，在净利润形成之后，合作社必须按法定要求从净利润中提取一部分作为法定公积金。法定公积金的提取比例通常为净利润的10%，但这一比例可能会根据最新的法律法规或合作社章程的具体要求而有所不同。法定公积金主要用于以下几个方面。

（1）弥补亏损。如果合作社在前几个会计年度出现了亏损，法定公积金可以用来填补这些亏损，从而保护合作社的财务健康。

（2）扩大生产经营规模。法定公积金还可以用于合作社的业务扩展，比如购买设备、扩建厂房、加大研发投入等，以促进合作社的长期发展。

（3）转增资本。法定公积金可以用于增加合作社的注册资本，增强合作社的资本实力，提高合作社的抗风险能力。

3. 提取任意公积金

在提取了法定公积金之后，合作社可以根据理事会的决议，从剩余的净利润中提取任意公积金。这部分公积金的提取比例完全取决于合作社的实际情况和发展需要，可以是净利润的一部分或全部。任意公积金主要用于应对未来可能出现的不确定支出，例如突发性的资金需求，或者用于合作社的其他特殊项目，如研发新产品的投入、扩展新的业务领域等。任意公积金的提取和使用情况须在年度财务报告中予以披露，以便成员了解合作社资金的使用情况。

4. 向成员分配红利

当法定公积金和任意公积金提取完毕之后，如果仍有剩余利润，这部分利润就可以用来向成员发放红利。红利的分配比例需要由理事会审议通过，具体分配方案将体现成员们的意愿。红利可以以多种形式发放，常见的有现金分红、投资份额分红等。现金分红是将利润直接以现金的形式发放给成员，而投资份额分红则是通过增发投资份额的方式来分配利润。此外，还可能存在投资份额回购等形式，这也是一种间接回馈成员的方式。

5. 未分配利润

如果在进行了上述分配之后仍然有剩余利润，这部分利润就会被计入合作社的未分配利润科目中。未分配利润是合作社财务报表中的一个重要组成部分，它可以被保留下来用于未来的发展，比如投资于新项目、技术研发或是作为合作社的应急储备金。此外，未分配利润也可以在以后的年度中继续进行分配，以支持合作社的持续增长。

整个利润分配的过程不仅体现了合作社的财务管理策略，还展示了合作社对于成员利益的重视。合理的利润分配不仅可以增强成员的信心，还能为合作社的长远发展奠定坚实的基础。

三、掌握利润分配的主要形式

利润分配的主要形式如表 7-1 所示。

表 7-1 利润分配的主要形式

分类	分红形式	定义	优点	缺点	适用条件
常见形式	现金分红	直接以货币形式向成员支付红利	直接增加成员的现金收入，提高成员的满意度	可能减少合作社的现金流，影响日常运营	现金流充足、短期内不需要大量资金投入的合作社

（续表）

分类	分红形式	定义	优点	缺点	适用条件
常见形式	投资份额分红	以投资份额形式发放红利，通常是将合作社的一部分利润转换为新增合作社份额，按照权益比例分配给现有成员	不会立即消耗合作社现金，有助于保持合作社资金流动性；增加资本，提升合作社形象	可能会稀释单位收益	现金流紧张但希望回报成员的合作社
其他形式	实物资产分配	将实物资产作为分红发放给成员	对于合作社来说，可以减少现金流出；对于成员而言，可以获得实物资产，可能比现金更有价值	分配过程复杂，可能在评估和转移资产方面存在难度；成员可能需要额外的成本来处理这些资产	通常用于特殊情况下的分配
其他形式	合作社份额回购	用合作社自有资金回购成员的投资份额，间接提高单位收益	间接提高单位收益，优化资本结构	回购需要大量资金，可能会影响合作社的现金流；如果回购价格过高，可能不利于成员的整体利益	希望提高单位收益、优化资本结构的合作社

通过深入了解这些形式的定义、优缺点和适用条件，乡村合作社的CEO们能够更好地把握利润分配的本质，从而在实际操作中做出更为科学合理的决策，促进乡村合作社的健康发展。

任务二 利润分配理论

一、学习利润分配的原则

利润分配是指合作社在一定时期内，根据经营成果将净利润按照一定的原则和方式进行分配的过程。这一过程不仅关系到合作社的财务健康，还直接影响到成员的利益和合作社的社会形象。因此，学习和掌握利润分配的原则显得尤为重要。以下是利润分配应当遵循的一些基本原则，包括合法性、公平性、效益性等，以确保分配活动的合理性。

1. 合法性原则

合法性原则是指合作社在进行利润分配时，必须严格遵守国家法律法规的规定。

这一原则要求合作社在利润分配过程中做到如下要求。

（1）遵守法律法规。合作社在分配利润之前，首先需要确保所有的财务报告已经通过了独立第三方的审计，并且财务数据真实可靠。根据《中华人民共和国农民专业合作社法》等相关法律法规，合作社必须从净利润中提取法定公积金，通常提取比例为净利润的10%。此外，合作社还需要确保分配方案符合税务、工商等方面的法律法规要求，避免因违规操作而引发的法律风险。

（2）履行法定程序。利润分配的每一个步骤都应当按照法定程序进行。例如，提取法定公积金、召开理事会审议利润分配方案等。这些程序不仅是为了保障成员的利益，也是为了避免因程序不当而导致的法律纠纷。

（3）保护成员权益。合作社应当确保利润分配方案充分考虑到所有成员的利益。任何损害成员权益的行为都是违法的，因此合作社在制定利润分配方案时，需要充分征求成员的意见，并在必要时进行充分沟通。

2. 公平性原则

公平性原则强调在利润分配过程中，应当公平对待每一位成员，确保所有成员都能够根据其份额比例获得相应的回报。这一原则要求合作社在利润分配时做到如下要求。

（1）按比例分配。根据成员的持股比例进行红利分配，确保每位成员都能按照其所持有的合作社份额比例获得相应的红利。这样做可以避免部分成员利用管理地位侵占其他成员的利益。

（2）公开透明。利润分配的过程应当公开透明，确保每一位成员都能清楚地了解分配方案的内容、分配的依据以及分配的结果。合作社应当通过公告、理事会等方式向全体成员通报相关信息，增强分配的公正性。

（3）防止利益输送。合作社应当防止任何形式的利益输送行为，确保利润分配不是基于关联交易或者其他非市场因素，而是基于合作社真实的经营成果。只有这样，才能真正体现公平性原则。

3. 效益性原则

效益性原则是指合作社在进行利润分配时，不仅要考虑当前的分配效果，还要兼顾合作社的长远发展。这一原则要求合作社在利润分配时做到如下要求。

（1）兼顾当前与长远。合作社在分配利润时，应当既考虑到当前的成员回报，也要关注合作社的长期发展。这意味着在分配利润时，需要保留足够的资金用于合作社未来的投资和发展，避免过度分配导致合作社缺乏必要的发展资金。

（2）优化资本结构。通过合理的利润分配，合作社可以优化自身的资本结构。例如，通过留存部分利润作为合作社的再投资资金，可以减少对外部融资的依赖，降低财务成本。

（3）促进持续增长。合作社应当将部分利润用于扩大再生产、技术改造、市场开拓等，以促进合作社的持续增长和发展。合理的利润分配可以为合作社提供必要的资金支持，使其在竞争中处于有利地位。

4. 综合性原则

除了上述基本原则之外，合作社在利润分配过程中还应当遵循综合性原则，即在考虑各项原则的基础上，综合分析合作社的实际情况和发展需要，制定出最合适的分配方案。这包括如下内容。

（1）考虑合作社财务状况。合作社在制定利润分配方案时，需要充分考虑自身的财务状况。如果合作社目前的现金流较为紧张，应当优先保证合作社的正常运营所需，然后再考虑利润分配。

（2）结合市场环境。合作社在制定利润分配方案时，还应当结合当时的市场环境和经济形势。在经济下行周期，合作社可能需要保留更多的资金以应对潜在的风险；而在经济上行周期，合作社可以适当增加利润分配，以回馈成员。

（3）关注成员预期。合作社应当密切关注成员的合作预期和回报需求，通过合理的利润分配，增强成员的信心，吸引更多的投资者。同时，合作社还应当与成员保持良好的沟通，确保分配方案得到成员的理解和支持。

综上所述，利润分配是一项涉及多个层面的复杂工作。合作社只有在遵循合法性、公平性、效益性等基本原则的基础上，结合自身的实际情况和发展需要，才能制定出最合理的利润分配方案。通过科学合理的利润分配，合作社不仅能够保证成员的利益，还能促进自身的可持续发展，为合作社的长期繁荣奠定坚实的基础。在实际操作中，合作社应当不断地学习和借鉴成功的经验，不断提高利润分配的水平，以适应不断变化的市场环境和合作社发展的需要。

二、分析不同分配方案的影响

利润分配是合作社财务管理中的一个重要环节，涉及合作社的财务健康、成员回报以及合作社的长远发展等多个方面。不同的利润分配方案对合作社自身、成员以及债权人的影响各不相同。本部分将通过具体案例来探讨几种典型的利润分配方案及其影响，并分析如何选择最优方案。

1. 现金分红

案例概述。假设合作社 A 在某会计年度实现了较高的净利润，并决定将其中的一部分以现金形式分配给成员。A 合作社拥有大量的流动资金，且近期没有大规模的投资计划。在这种情况下，A 合作社可以选择较高的现金分红比例。

影响分析。

（1）成员。现金分红直接增加了成员的现金收入，提高了成员的满意度。对于那些需要现金流的成员来说，这是一种非常受欢迎的分配方式。然而，对于那些更看重合作社长期发展的成员来说，过高的现金分红可能会削弱合作社的再投资能力。

（2）合作社自身。大量的现金分红可能会导致合作社现金流紧张，影响其日常运营和未来的投资计划。如果合作社没有足够的现金流来支持日常运营和未来发展，那么过高的现金分红反而可能对合作社产生负面影响。

（3）债权人。对于债权人而言，过高的现金分红可能会增加合作社的财务风险。债权人更关心合作社的偿债能力和财务稳定性。如果合作社因为高额的现金分红而导致财务状况恶化，债权人的利益也可能受到损害。

2. 投资份额分红

案例概述。假设某合作社 B 在某会计年度也有不错的净利润，但由于其正处于快速扩张阶段，需要大量的资金支持。在这种情况下，B 合作社可能会选择以投资份额分红的方式回报成员。

影响分析。

（1）成员。投资份额分红不会立即增加成员的现金收入，但它可以增加成员的份额比例，从而在未来获得更高的回报。此外，投资份额分红不会稀释单位收益，因为新增合作社份额的数量与原有合作社份额的比例相同。但是，投资份额分红可能会导致单位收益的摊薄。

（2）合作社自身。投资份额分红不会消耗合作社的现金流量，有助于保持合作社资金的流动性。这对于需要大量资金支持扩张的合作社来说是一个非常好的选择。此外，投资份额分红还可以增加合作社的股本，提升合作社的形象。

（3）债权人。投资份额分红不会直接影响合作社的偿债能力，因为它不涉及现金流出。因此，债权人对此类分红方式通常持较为积极的态度，因为它不会增加合作社的财务风险。

3. 实物资产分配

案例概述。假设一家合作社 C 拥有大量的实物资产，并决定将部分实物资产作为分红发放给成员，如农产品分红、设备分红、土地使用权分红等。

影响分析。

（1）成员。对于成员而言，实物资产作为一种分红形式，可以直接增加其资产持有量。这种方式特别适用于那些需要实物资产而非现金的成员。然而，实物资产的管理和处置可能较为复杂，成员需要额外的成本来处理这些资产。

（2）合作社自身。实物资产分配可以帮助合作社减轻现金流压力，尤其是在现金流紧张的情况下。此外，通过实物资产分配，合作社可以优化资产结构，减少非核心资产的持有量。

（3）债权人。债权人通常更关心合作社的偿债能力和财务稳定性。实物资产分配不会直接影响合作社的现金流量，但从长期来看，如果合作社通过实物资产分配减少了非核心资产，可能会对其财务状况产生积极影响。

4. 合作社份额回购

案例概述。假设一家合作社 D 在过去几年中积累了大量的现金储备，并决定通过合作社份额回购的方式提高单位收益，从而增强市场对合作社的信心。

影响分析。

（1）成员。合作社份额回购可以间接提高单位收益，因为份额减少后，单位收益相应增加。这对于成员来说是一个积极信号，可能会提高合作社价值，增加成员财富。

（2）合作社自身。合作社份额回购需要大量的资金，可能会暂时影响合作社的现金流。然而，从长期来看，合作社份额回购可以优化资本结构，提高合作社的市场估值。此外，合作社份额回购还可以表明合作社管理层对未来发展的信心。

（3）债权人。债权人可能会担心合作社份额回购对合作社现金流的影响。如果回购金额过大，可能会增加合作社的财务风险。因此，合作社需要在回购合作社份额的同时，确保有足够的现金流支持日常运营和未来的发展计划。

思考：基于以上案例分析，合作社应该如何选择最优方案？

选择最优的利润分配方案需要综合考虑合作社当前的财务状况、未来的发展需求以及成员和债权人的利益。以下是几个选择方案时需要考虑的因素。

（1）财务状况。合作社首先需要评估自身的财务状况，包括现金流、资产负债表等。如果合作社现金流充裕，可以选择现金分红；如果现金流紧张，则可以选择投资份额分红或合作社份额回购等方式。

（2）发展战略。合作社的发展战略也是选择分配方案的重要依据。如果合作社处于快速扩张阶段，需要大量资金支持，则可能更倾向于投资份额分红或合作社份额回购；如果合作社处于成熟期，现金流稳定，则可以选择现金分红。

（3）成员需求。了解成员的需求也是非常重要的。如果成员更看重当前的现金回报，则可以选择现金分红；如果成员更关注合作社的长期发展，则可以选择投资份额分红或合作社份额回购。

（4）市场环境。市场环境的变化也会影响利润分配方案的选择。在经济上行周期，合作社可以适当增加现金分红；而在经济下行周期，则需要更加谨慎，可能需要保留更多的资金以应对潜在的风险。

（5）法律法规。合作社还需要遵守相关的法律法规。例如《中华人民共和国农民专业合作社法》规定合作社需要提取法定公积金，这在一定程度上限制了利润分配的选择范围。

通过综合考虑上述因素，合作社可以制定出最符合自身情况和发展需求的利润分配方案。科学合理的利润分配不仅能够保证成员的利益，还能促进合作社的可持续发展，为合作社的长期繁荣奠定坚实的基础。

任务三　利润分配政策

一、制定利润分配政策

制定利润分配政策需要结合合作社的具体情况和发展战略，确保政策既能满足成员的期望，又不会影响合作社的长远发展。以下是制定利润分配政策时需要考虑的关键要素。

1. 合作社财务状况

合作社的财务状况是制定利润分配政策的基础。在决定利润分配比例之前，需要对合作社的财务状况进行全面评估，包括但不限于以下几个方面。

（1）现金流。

现金流是否充裕。评估合作社当前的现金余额是否足够支持日常运营、偿还短期债务以及应对意外开支。充足的现金流不仅能够保障合作社的正常运转，还能在遇到突发事件时提供缓冲。

是否有足够的现金流来支持日常运营。检查合作社是否有足够的现金储备来支付员工工资、采购原材料以及其他日常开支。如果现金流不足，合作社可能难以维持正常的经营活动。

未来的投资计划。评估合作社是否有足够的现金流来支持未来的投资计划，如扩大生产规模、购买新设备或进行技术研发等。确保有足够的现金流来支持这些计划对于合作社的长期发展至关重要。

（2）资产负债表。

负债水平。分析合作社的负债情况，包括短期负债和长期负债，以确定合作社的偿债能力。如果负债水平过高，合作社可能需要先偿还债务，而不是进行利润分配。

净资产。检查合作社的净资产是否充足，以支撑利润分配。净资产是指合作社的总资产减去总负债后的余额。只有在净资产足够的情况下，合作社才有可能进行利润分配。

资产结构。分析合作社的资产结构，了解其资产的构成，如流动资产、固定资产等，以判断合作社是否有足够的资产来支持未来的运营和发展。

（3）盈利能力。

净利润。评估合作社的净利润是否足以支持分红。净利润是合作社在扣除所有成本、费用和税费后的净收益，反映了合作社的经营成果。只有当净利润足够高时，合作社才能考虑分红。

持续盈利能力。分析合作社是否具有持续盈利能力。即使当前的净利润较高，但如果未来的盈利能力不稳定，合作社也需要谨慎考虑利润分配。

利润增长趋势。考察合作社的利润增长趋势，以预测未来几年的盈利能力。如果利润呈现稳定增长的趋势，那么合作社可以更加自信地制定分红计划。

通过以上几个方面的综合评估，合作社能够更加科学合理地制定利润分配政策，确保在满足当前运营需求的同时，也为合作社的未来发展留下足够的空间。

2. 发展战略

合作社的战略规划和发展目标也是制定利润分配政策的重要依据。不同的发展阶段和战略方向决定了利润分配的重点。

（1）初创期。初创期合作社通常需要将大部分利润用于再投资，以支持合作社的快速增长。此时，可能需要减少甚至暂停现金分红，而采用投资份额分红或其他形式的分红。

（2）成长期。成长期的合作社需要平衡当前的成员回报和未来的投资需求。此时，可以适度增加现金分红比例，但仍需保留部分利润用于再投资。

（3）成熟期。成熟期的合作社现金流稳定，盈利能力较强。此时，可以考虑增加现金分红比例，以回报成员的支持。

3. 成员需求

了解成员的需求也是制定利润分配政策的重要环节。不同类型的成员有不同的需求。

（1）集体投资者。通常更注重合作社的长期发展，可能更倾向于投资份额分红或合作社份额回购。

（2）个人投资者。可能更关注当前的现金回报，偏好现金分红。

（3）战略投资者。可能更关心合作社的战略方向和发展潜力，愿意接受多样化的分红方式。

4. 市场环境

市场环境的变化也会影响利润分配政策的选择。在经济上行周期，合作社可以适当增加现金分红；而在经济下行周期，则需要更加谨慎，可能需要保留更多的资金以应对潜在的风险。

二、评估政策的有效性

评估利润分配政策的有效性需要通过对实际案例进行分析，了解不同政策对合作社长期发展的影响。以下是几个典型案例及其分析。

1. 现金分红案例

假设某合作社 A 在过去的几年中一直保持较高的现金分红比例。尽管成员获得了较高的现金回报，但合作社由于现金流紧张，无法支持新的投资项目。结果，合作社的市场份额逐渐被竞争对手蚕食，盈利能力下降。

案例分析：过高的现金分红虽然短期内增加了成员的现金收入，但削弱了合作社的再投资能力，不利于合作社的长期发展。

2. 投资份额分红案例

一家合作社 B 在过去的几年中选择了投资份额分红的方式。尽管短期内成员没有获得现金回报，但由于合作社将大部分利润用于再投资，实现了快速的增长，股价大幅上涨，成员的财富也随之增加。

案例分析：投资份额分红虽然短期内不会增加成员的现金收入，但通过增加合作社的再投资能力，促进了合作社的长期增长，最终提升了成员的价值。

3. 合作社份额回购案例

一家合作社 C 在过去几年中积累了大量的现金储备，并决定通过以合作社份额回购的方式提高单位收益。合作社份额回购后，合作社的市场估值提高，增强了市场对合作社的信心。

案例分析：合作社份额回购可以在不消耗合作社现金流的情况下提高单位收益，增强市场信心，从而间接增加成员的财富。

三、风险管理与合规性

在制定和实施利润分配政策的过程中，需要识别可能存在的风险，并采取有效的风险管理措施，确保政策的合规性。以下是几个需要注意的风险点及应对措施。

1. 流动性风险

过高的现金分红可能会导致合作社现金流紧张，影响其日常运营和未来的投资计划。合作社需要在分红前评估自身的现金流状况，确保有足够的资金支持日常运营。

应对措施：合作社可以预留一部分利润作为应急资金，确保在分红后仍能维持正常的经营活动。

2. 法律法规风险

合作社在制定利润分配政策时需要遵守相关的法律法规，如《中华人民共和国农民专业合作社法》《中华人民共和国会计法》等。任何违反法律法规的行为都可能导致法律风险。

应对措施：合作社应当在制定政策前咨询专业法律顾问，确保政策符合法律法规的要求。

3. 市场风险

市场环境的变化可能会影响利润分配的效果。例如，在经济下行周期，过高的现金分红可能会加剧合作社的财务压力。

应对措施：合作社需要密切关注市场动态，根据市场环境的变化适时调整利润分配方案。

4. 成员关系风险

不同的利润分配政策可能会影响成员的关系。例如，过高的现金分红可能会导致成员对合作社未来的担忧，而过低的现金分红又可能影响成员的信心。

应对措施：合作社需要与成员保持良好的沟通，及时通报利润分配的情况，确保成员理解和支持合作社的决策。

综上所述，制定科学合理的利润分配政策需要综合考虑合作社的财务状况、发展战略、成员需求以及市场环境等因素。通过案例分析，我们可以更好地理解不同利润分配政策对合作社长期发展的影响。在实施过程中，合作社还需要注意风险管理与合规性，确保政策的有效性和合法性。只有在综合考虑这些因素的基础上，合作社才能制定出最适合自身情况和发展需求的利润分配政策，促进合作社的可持续发展。

项目小结

本项目的三个任务旨在帮助乡村合作社的 CEO 全面掌握利润分配管理的知识，从理论到实践，从概念认知到具体操作，为合作社的健康持续发展奠定坚实的利润分配基础。通过完成这些任务，乡村合作社的 CEO 不仅能够深入理解利润分配的基本概念、流程及其在合作社财务管理中的重要作用，还能够掌握制定合理利润分配政策的方法与技巧，评估不同分配方案对合作社长期发展的影响，并学会如何在实际操作中规避风险，确保分配方案的合规性和有效性。具体而言，通过学习利润分配的基本概念，乡村合作社的 CEO 将了解利润分配的目的及其对合作社财务状况的影响；通过熟悉利润分配的流程，他们将掌握从净利润形成到提取公积金直至向成员分配红利的各个环节；通过掌握利润分配的主要形式，他们将能够根据不同合作社的实际情况和发展需求，灵活选择最合适的分红方式。此外，通过学习利润分配的原则，乡村合作社的 CEO 将懂得如何在合法性、公平性、效益性等基本原则指导下，制定出既符合法律法规要求又能满足成员需求的利润分配方案。通过分析不同分配方案的影响,他们能够评估现金分红、投资份额分红、实物资产分配及合作社份额回购等各种方式对合作社自身、成员及债权人的不同影响,从而在实际操作中做出最优选择。最终,通过制定和评估利润分配政策,乡村合作社的CEO将具备应对财务管理中利润分配挑战的能力,能够在复杂多变的市场环境中做出有利于合作社长远发展的决策,促进合作社的可持续发展。通过这些系统的训练和学习,乡村合作社的CEO将能够更好地把握利润分配的本质,提高财务管理的专业水平,为合作社创造更大的价值。

习题与实训

扫描二维码答题

项目八 财务预算与分析

学习目标

了解财务预算在合作社管理中的重要作用,掌握财务预算编制的基本技能,包括收入预算、成本预算、现金流量预算的制定与管理;

掌握财务分析的基本技能和方法,理解财务报表的编制与解读,运用财务比率分析合作社的偿债能力、营运能力和盈利能力等。

引例

阳光果蔬合作社的财务预算与分析

1. 背景介绍

阳光果蔬合作社位于某乡村,成立于2018年,由一群热心农业的村民自发组建而成。合作社主要经营水果种植与销售,随着市场的不断扩大,合作社的业务也逐步扩展至蔬菜种植。经过几年的发展,合作社已经取得了显著的成绩,但随着业务的扩展,财务管理工作也变得越来越复杂。

2. 当前状况

(1)规模:合作社目前有30名成员,其中10名为核心成员,负责日常管理和技术指导工作。

(2)财务状况:合作社目前拥有流动资金100万元,固定资产价值400万元,无负债,上一年度净利润为120万元。

(3)市场需求:市场需求稳定增长,预计未来一年扩大生产规模可进一步增加收入。

(4)成员期望:大部分成员希望看到合作社持续增长,并希望在未来能够增加分红,但也有一部分成员认为应该将更多利润用于扩大生产规模和技术升级。

3. 面临的挑战

(1)如何合理编制财务预算:随着业务的扩大,合作社管理层意识到需要更加科学地编制财务预算,以确保资源的合理配置。

(2)如何提高财务管理水平：管理层希望能够通过财务分析来提高合作社的财务管理水平，确保合作社的长期稳定发展。

(3)如何评估合作社的财务状况：管理层希望通过财务分析来评估合作社的偿债能力、营运能力和盈利能力等关键指标。

4. 案例分析

阳光果蔬合作社在过去的几年里取得了不错的成绩，但随着业务的不断扩展，管理层认识到仅凭经验管理财务已不足以应对日益复杂的财务状况。为此，合作社决定引入专业的财务预算与分析方法，以提高管理效率。

(1) 财务预算编制

收入预算：根据过去几年的销售数据和市场趋势预测，管理层制定了详细的收入预算，包括不同产品的预计销售额。

成本预算：通过对历史成本数据的分析，管理层制定了成本预算，涵盖了原材料采购、人工成本、运输费用等。

现金流量预算：管理层编制了现金流量预算，以确保合作社有足够的现金储备以应对日常运营需求和未来投资计划。

(2) 财务分析

财务比率分析：管理层利用财务比率分析工具，评估了合作社的偿债能力、营运能力和盈利能力。例如，通过计算流动比率和速动比率来评估合作社的短期偿债能力；通过计算总资产周转率来衡量合作社的资产使用效率。

财务报表解读：管理层学会了如何阅读和分析财务报表，如资产负债表、利润表和现金流量表，以便更好地了解合作社的财务状况。

5. 后续影响

(1) 管理层能力提升：通过引入专业的财务预算与分析方法，管理层的财务管理能力得到了显著提升，能够更加科学地制定预算和评估财务状况。

(2) 合作社发展：合作社利用科学的财务预算与分析方法成功地扩大了生产规模，提高了生产效率，增加了销售收入。

(3) 成员信心增强：合理编制的财务预算和有效的财务分析增强了成员的信心，提升了合作社的凝聚力。

总结

通过这个案例，可以看出在合作社管理中，合理的财务预算是至关重要的。掌握财务预算编制的基本技能和财务分析的方法，不仅可以帮助合作社更好地规划未来，还能提高财务管理水平，促进合作社的可持续发展。

任务一　财务预算的认知与应用

一、财务预算概述

1. 定义及重要性

财务预算是指企业根据其发展目标和战略规划，对未来一定时期内（通常为一年）的收入、支出以及资金流动等进行预测和计划的过程。对于农业专业合作社而言，财务预算不仅是一项管理工具，更是确保合作社稳健经营的关键手段。通过科学合理的预算编制，合作社可以更好地控制成本、提高资源利用效率，并且能够及时发现潜在风险，采取相应的应对措施。此外，在面对外部环境变化时，如市场价格波动或自然灾害的影响，良好的财务预算机制可以帮助合作社迅速调整策略，保持竞争力。

2. 预算在企业战略中的角色

对于农业专业合作社来说，财务预算不仅是日常运营管理的一部分，更是实现长期发展战略的重要组成部分。首先，它帮助合作社明确短期与中长期目标之间的关系，确保所有活动都围绕着既定的战略方向展开；其次，通过详细的收支预测，管理层能够更准确地评估不同项目或投资方案对合作社整体财务状况的影响，从而做出更加明智的投资决策；最后，有效的预算控制还有助于增强内部沟通，促进各部门之间的协作，共同致力于合作社的成长与发展。

3. 不同类型的财务预算介绍

针对农业专业合作社的特点及其运营需求，常见的几种财务预算类型包括但不限于如下类型。

（1）经营预算。这是最基础也是最重要的一种预算形式，涵盖了合作社日常经营活动相关的各项费用支出与预期收入。例如，在种植业方面，需要考虑种子、化肥、农药等物资采购成本；养殖业则需关注饲料消耗量及动物保健开支等。通过制定详尽的经营预算，合作社不仅可以有效监控生产过程中的各项开销，还能合理安排销售计划，以保证产品能够按时按质投放市场。

（2）资本支出预算。这类预算主要用来规划未来一段时间内用于购置固定资产或者进行大规模维修扩建项目的资金需求。比如引进新型农机设备、建设现代化温室大棚等都需要事先做好充分的资金准备。值得注意的是，在编制此类预算时，除了要考虑直接成本外，还应该综合考量折旧摊销等因素对后续年度利润水平可能产生的影响。

（3）现金流量预算。鉴于农业生产周期较长且受自然条件制约较大，因此保持充足的现金流对于维持合作社正常运转至关重要。现金流量预算通过对短期内预计发生的现金流入流出情况进行详细列示，有助于管理者提前识别可能出现的资金短缺问题并及时寻找解决方案。特别是在农产品收获季节前后，由于大量原材料采购以及工资支付等原因，可能会出现短暂的资金紧张局面，这时就需要依靠精准的现金流量预测来指导融资活动。

（4）人力资源预算。虽然这不完全属于传统意义上的"财务"范畴，但对于任何组织而言都是不可或缺的一环。对于农业合作社来讲，合理配置人力资本同样关系到整体运营效率。人力资源预算应包含员工招聘培训、福利待遇等方面所需经费预算，并结合业务发展需要适时调整人员结构。

综上所述，通过实施全面而细致的财务预算管理，农业专业合作社不仅能够在激烈的市场竞争中站稳脚跟，更能朝着更高层次的目标迈进。当然，实际操作过程中还需要不断学习先进经验，灵活运用各种财务管理工具和技术，以适应日益复杂多变的外部环境。

二、预算编制过程

1. 确定预算目标与策略

在农业专业合作社中，确定预算目标是整个预算编制过程的起点。这些目标应当与合作社的整体战略规划紧密相连，确保预算不仅是短期财务活动的指导，也是实现长期愿景的重要工具。首先，管理层需要明确合作社的发展方向和重点，比如提高农产品质量、扩大市场份额、引进新技术或增加会员福利等。基于此，制定出具体的财务目标，如年度销售额增长百分比、成本控制目标以及利润水平等。

例如，如果一个以种植有机蔬菜为主的合作社计划在未来一年内提升品牌知名度并拓展销售渠道，则其预算目标可能包括：增加营销支出以支持品牌推广活动；投资冷链物流设施以保证产品新鲜度；加强与大型超市及电商平台的合作关系等。同时，还需要考虑如何通过优化内部管理流程来降低成本，比如改进灌溉系统减少水资源浪费、采用更高效的收割机械降低人工成本等措施。

2. 数据收集与市场预测

为了使预算更加准确可靠，合作社必须进行详尽的数据收集工作。这不仅包括对自身历史经营数据（如过去几年的销售量、价格变动趋势、成本构成等）的回顾分析，还需要密切关注行业动态及宏观经济环境变化。特别是对于农业生产来说，天气条件、病虫害发生率等因素都会对其产生直接影响，因此获取相关气象预报信息也十分必要。

此外，市场预测同样不可或缺。合作社可以通过调研竞争对手情况、消费者偏好变化等方式来估计未来市场需求量，并据此调整生产规模。值得注意的是，在做出任何重大决策之前，最好能邀请行业专家或咨询机构提供专业意见，以便更全面地评估各种潜在风险与机遇。

3. 初步草案制定

一旦明确了预算目标并且完成了必要的信息收集后，接下来就是开始编制初步预算草案了。这一阶段通常由财务部门牵头，但同时也需要其他相关部门积极参与进来，共同讨论并提出建议。具体步骤如下。

（1）收入预测。根据当前订单情况、预计新增客户数量等因素计算下一年度总收入。

（2）成本估算。列出所有预期发生的直接成本（如种子、化肥等原材料费用）及间接成本（如租金、水电费等固定开支），并为可能出现的价格波动留出一定余地。

（3）现金流规划。考虑到农业生产周期较长且存在不确定性，合理安排现金流入流出时间点尤为重要。应特别关注那些可能导致资金紧张的关键节点，如大规模采购前后的支付压力。

（4）资本性支出。如果有购置新设备或者扩建现有设施的需求，则需单独列出相应的投资额，并说明预期回报周期。

4. 协商调整流程

完成初步草案之后，下一步是组织召开跨部门会议进行讨论。在这个过程中，各部门负责人将有机会表达自己对于预算内容的看法，并就某些细节问题展开深入交流。常见的争议点可能包括资源分配不均、特定项目优先级设定不合理等方面。此时，高层管理者的作用尤为关键，他们需要平衡各方利益诉求，找到最符合合作社整体利益的最佳方案。

除了内部协商外，有时还需要与外部合作伙伴如供应商、分销商甚至政府机关进行沟通协调。例如，若计划大幅增加某类作物种植面积，则可能需要提前与当地农资公司签订长期合作协议以锁定较低的采购价；又或者当面临政策调整时，及时了解最新规定有助于避免不必要的法律风险。

5. 正式批准程序

经过多轮修改和完善后，最终版预算报告将提交给合作社董事会或理事会审议。在正式批准之前，所有成员都应当仔细审阅文档内容，确保每一项数据都有据可依，并且能够反映出合作社的真实运营状况。此外，还需附上详细的背景资料供参考，如市场研究报告、竞争分析结果等。

一旦获得全体一致同意，该预算便成为下一财年各项工作的行动指南。值得注意的是，虽然预算是固定的，但在执行过程中仍需保持一定的灵活性。特别是在面对突发事件时（如自然灾害导致产量锐减），应及时启动应急预案并对原定计划做适当调整，以尽量减轻负面影响。总之，通过科学严谨的预算编制流程，农业专业合作社可以更好地应对挑战、把握机遇，从而实现可持续发展。

三、预算执行与控制

1. 实施预算计划的关键步骤

在农业专业合作社的运营管理过程中，预算的实施不仅仅是财务部门的任务，而是需要全体成员共同努力的过程。以下是几个关键步骤，确保预算计划能够得到有效执行。

（1）明确责任分配。首先，要将预算中的各项指标分解到各个部门和个人，确保每个人都清楚自己的职责所在。例如，生产部门负责控制种植成本和提高产量；销售部门则需达成既定的销售额目标。通过这种方式可以增强团队成员的责任感和参与度。

（2）制定详细的行动计划。基于预算目标，各部门应制定出具体的行动计划。这包括确定所需资源（如资金、人力等）、设定时间表以及预期成果等。比如，在准备下一季作物种植时，需要提前规划好土地准备、种子采购及播种的具体日期。

（3）培训与沟通。为了保证所有员工都能理解并支持预算方案，合作社应当组织相应的培训活动，并定期召开会议进行信息共享。这样不仅有助于消除误解，还能激发大家的积极性。

（4）建立激励机制。适当的奖励措施可以极大地提升工作效率。合作社可以根据实际情况设立奖金制度或者绩效考核体系，鼓励员工努力实现甚至超越预算目标。

2. 监控实际绩效的技术

有效的监控系统是保障预算得以顺利实施的重要工具。对于农业专业合作社而言，以下几种技术手段尤为适用。

（1）月度/季度报告。要求各相关部门按固定周期提交财务报表及其他相关数据，以便管理层及时掌握最新动态。这些报告应该涵盖收入、支出、库存水平等多个方面。

（2）关键绩效指标（KPIs）。选定一些能够直接反映经营状况的核心指标进行跟踪分析。例如，单位面积产量、每吨产品平均成本、客户满意度指数等。通过对比 KPIs 与预算值之间的差异，可以快速识别出潜在问题所在。

（3）信息技术应用。利用现代信息技术手段，如企业资源计划（ERP）软件或专业的财务管理平台，来自动化数据收集与处理过程。这不仅能提高工作效率，还有助于减少人为错误。

（4）现场检查。除了依靠数字报表外，定期对农场、仓库等关键地点进行实地考察也是必不可少的一环。通过观察实际操作情况，可以发现那些难以从纸面上察觉的问题。

3. 分析差异并采取纠正措施

即使是最周密的预算也无法完全预测未来的所有变化。因此，当实际表现与预期出现较大偏差时，合作社必须迅速响应，找出原因并采取相应对策。常见的做法包括以下几点。

（1）差异分析。一旦发现异常情况，首先要做的就是深入挖掘其背后的原因。可能是市场条件发生了变化、天气因素影响了收成，也可能是内部管理出现了漏洞。只有明确了根源所在，才能有针对性地解决问题。

（2）灵活调整策略。面对不可预见的风险，合作社不能墨守成规，而应根据具体情况适时调整原有计划。例如，如果某种农产品价格突然大幅下跌，则可以考虑暂时减少该品种的种植面积，转而增加其他更有利可图的作物的种植面积。

（3）加强内部控制。有时问题可能源自内部流程不够完善。此时，就需要重新审视现有的管理制度，并加以改进。比如，通过优化采购流程来降低成本，或是强化质量管理体系以提高产品竞争力。

（4）外部合作。在某些情况下，单凭自身力量可能难以克服困难。这时不妨寻求与科研机构、行业协会甚至是政府的支持，共同应对挑战。

4. 持续改进机制

预算执行不仅仅是一个静态的过程，而应该是持续迭代优化的循环。为此，农业专业合作社需要建立起一套完善的反馈机制，不断总结经验教训，推动管理水平稳步提升。

（1）定期回顾会议。每隔一段时间（如半年或一年），组织一次全面的预算执行情况评估会。邀请所有相关人员参加，共同讨论过去一段时间内的得失，并为下一阶段工作提出建议。

（2）学习先进经验。积极借鉴国内外同行的成功案例，了解他们是如何有效运用预算工具促进发展的。同时，也可以参加各类研讨会、培训班等活动，拓宽视野，吸收新知识。

（3）培养人才梯队。优秀的财务管理队伍是实现高效预算管理的基础。合作社应重视人才培养，为有潜力的员工提供更多的学习机会和发展空间，逐步形成一支专业化、高素质的管理团队。

（4）引入第三方审计。为了保证预算执行的真实性和公正性，还可以考虑聘请独立的会计师事务所进行年度审计。通过外部专家的专业视角，帮助合作社更客观地认识到自身存在的不足之处，从而采取更加科学合理的改进措施。

总之，通过上述方法，农业专业合作社不仅能够在短期内更好地控制成本、提高效率，还能够在长期内不断提升自身的综合竞争力，适应日益复杂多变的市场环境。预算执行与控制是一个系统工程，涉及战略规划、运营管理、人力资源等多个层面，唯有各个环节协同配合，才能真正发挥出其应有的作用。

任务二　财务分析的认知与应用

一、财务报表基础

1. 主要财务报表简介

在农业专业合作社的财务管理中，主要使用的三大财务报表是资产负债表、利润表和现金流量表。这些报表提供了关于合作社财务状况、经营成果以及现金流情况的全面信息。

（1）资产负债表。资产负债表是一份静态报表，它反映了合作社在某一特定时间点（通常是月末或年末）的财务状况。该报表分为资产、负债和所有者权益三个部分。资产按流动性排序，包括流动资产（如现金及现金等价物、应收账款、存货等）和非流动资产（如土地使用权、固定资产、长期投资等）。负债也按到期日顺序排列，包括流动负债（如短期借款、应付账款等）和长期负债（如长期贷款、融资租赁等）。所有者权益则代表了合作社净资产的价值，即总资产减去总负债后的余额。对于农业合作社来说，了解其拥有的土地资源、农机设备以及库存农产品等资产是非常重要的，这有助于评估合作社的规模和生产能力。

（2）利润表（损益表）。利润表展示了合作社在一个会计期间内的经营成果。它列出了合作社的所有收入来源（如销售收入、服务收入等），并从中扣除各项费用（如生产成本、销售费用、管理费用等），最终得出净利润。对于农业合作社而言，由于农业生产具有明显的季节性特点，因此在分析利润表时需要特别注意不同季度之间的波动。此外，合作社还可能涉及政府补贴、保险赔偿等额外收入项目，这些都是影响最终盈利水平的重要因素。

（3）现金流量表。现金流量表记录了合作社在一个会计期间内现金及现金等价物的流入与流出情况。它可以分为经营活动产生的现金流量、投资活动产生的现金流量以及筹资活动产生的现金流量三个部分。经营活动现金流量反映了合作社日常运营过程中产生的现金变动，比如销售产品收到的款项；投资活动现金流量则涵盖了购置或出售固定资产等活动；而筹资活动现金流量则与借贷、偿还债务及股东分红相关。通过现金流量表，管理层能够更准确地了解合作社的实际资金流转状况，及时发现潜在的资金短缺问题，并采取相应措施加以解决。例如，在播种前或收获后，合作社可能会面临较大的现金需求，这时就需要提前做好融资安排以确保运营顺畅。

2. 报表之间的关系

虽然资产负债表、利润表和现金流量表各自独立，但它们之间存在着密切的关系，共同构成了一个完整的财务报告体系。

（1）资产负债表与利润表。这两张报表之间的联系主要体现在净利润上。利润表中的净利润会在期末转入资产负债表中的所有者权益账户，从而直接影响到合作社的净资产总额。这意味着，如果合作社在某个会计期间实现了较高的净利润，那么这一数额将增加所有者权益，进而提高合作社的净资产价值。同时，利润表上的某些项目也会反映在资产负债表上。例如，未付账单会增加流动负债总额；而库存变化则会影响流动资产数额。此外，折旧和摊销等非现金支出虽然不影响现金流量，但在计算净利润时会被扣除，这也会影响到资产负债表上的固定资产净值。

（2）资产负债表与现金流量表。资产负债表中的现金及其等价物项直接对应于现金流量表中的期初和期末现金余额。此外，资产负债表中的其他项目变动也可能体现在现金流量表的不同分类中。比如，固定资产购置会导致投资活动现金流减少，偿还债务则会降低筹资活动现金流。更重要的是，现金流量表提供了一个动态视角来理解资产负债表的变化。例如，当合作社购买新的农业机械时，不仅减少了现金流量表上的现金流量，同时也增加了资产负债表上的固定资产金额。同样地，当合作社获得银行贷款时，现金流量表会显示筹资活动现金流增加，而在资产负债表上，则表现为现金增加和长期负债增加。

（3）利润表与现金流量表。尽管两者都反映了合作社的经济表现，但角度有所不同。利润表侧重于显示收入和支出情况，而现金流量表则更加注重实际的资金流动。有时，即使利润表显示盈利良好，但由于应收账款回收缓慢等原因，合作社仍可能面临现金紧张的局面。例如，假设合作社在一个季度内大量销售农产品但未能及时收回货款，那么利润表可能显示出良好的盈利状况，但现金流量表则会反映出经营活动中现金流入不足的问题。因此，在进行财务决策时，应综合考虑这两种报表提供的信息。特别是在制定短期财务计划或应对突发财务危机时，现金流量表的信息尤为重要。

总之，通过对资产负债表、利润表以及现金流量表的综合分析，农业专业合作社可以全面把握自身的财务健康状况，并据此制定更为科学合理的战略规划和发展策略。值得注意的是，在实际操作中还需考虑行业特点、市场环境等因素，灵活运用各种评价工具，以确保分析结果的真实性和准确性。例如，考虑到天气条件对农业生产的影响，合作社可能还需要关注气象数据，并将其纳入财务预测模型之中。通过这样的多维度分析，合作社才能更好地应对挑战，实现可持续发展。

二、关键财务比率分析

在农业专业合作社的财务管理中，通过对关键财务比率的分析，可以更深入地了解合作社的偿债能力、营运能力和盈利能力。这些比率不仅为管理层提供了决策依据，还可帮助外部利益相关者（如投资者、银行等）评估合作社的整体健康状况。

1. 偿债能力

偿债能力是指合作社偿还其短期和长期债务的能力。对于农业合作社而言，由于农业生产周期长且受自然条件影响较大，保持良好的偿债能力尤为重要。以下是几个常用的偿债能力指标。

（1）流动比率。流动比率是衡量合作社短期偿债能力的重要指标，计算公式为：流动资产/流动负债。一般认为，流动比率大于2表示合作社具有较强的短期偿债能力。然而，对于农业合作社来说，季节性生产导致现金流波动较大，合理的流动比率可能需要根据实际情况进行调整。

（2）速动比率。速动比率进一步剔除了存货的影响，只考虑现金及现金等价物、应收账款等快速变现的资产。计算公式为：（流动资产－存货）/流动负债。一个健康的速动比率通常应不低于1。这一比率对于依赖大量存货的农业合作社尤为重要，因为农产品的价格波动和市场需求变化可能会对存货的价值产生重大影响。

（3）资产负债率。资产负债率反映了合作社总资产中有多少比例是通过借债获得的，计算公式为：总负债/总资产×100%。较低的资产负债率意味着合作社主要依靠自有资本运营，财务风险相对较小。对于农业合作社来说，理想的资产负债率因合作社规模和经营策略的不同而有所差异，但一般建议不超过50%。

（4）利息保障倍数。该比率用于衡量合作社支付利息费用的能力，计算公式为：息税前利润（EBIT）/利息费用。较高的利息保障倍数表明合作社有更强的能力覆盖其利息支出。这对于那些依赖贷款购买大型农机设备或进行基础设施建设的合作社尤其重要。

2. 营运能力

营运能力反映了合作社管理其日常经营活动中的资源效率。高效的营运能力有助于降低运营成本，提高整体经济效益。以下是几个重要的营运能力指标。

（1）存货周转率。存货周转率显示了合作社在一个会计期间内销售并替换库存的速度，计算公式为：销售成本/平均存货。较高的存货周转率意味着合作社能够有效地管理其库存水平，减少资金占用。对于农业合作社而言，合理控制存货量不仅可以避免因滞销造成的损失，还能确保有足够的资金投入到下一季作物种植当中。

（2）应收账款周转天数。应收账款周转天数衡量的是从销售到收回款项所需的平均时间，计算公式为：365天/（年销售额/平均应收账款）。较短的应收账款周转天数表明合作社能够较快地回收账款，减少了坏账的风险。特别是在农产品市场，及时回款对于维持合作社的资金流动性至关重要。

（3）总资产周转率。总资产周转率展示了合作社利用全部资产创造销售收入的能力，计算公式为：年销售额/平均总资产。较高的总资产周转率说明合作社能够高效地使用其资产来支持销售活动。这在评估合作社整体资产管理效率时非常有用。

（4）固定资产周转率。固定资产周转率则专注于固定资产的使用效率，计算公式为：年销售额/平均固定资产净值。对于拥有大量农业机械和其他固定设施的合作社来说，这一比率可以帮助管理者判断是否需要更新或优化现有的固定资产配置。

3. 盈利能力

盈利能力反映了合作社将资源转化为收益的能力。它是评价合作社经营绩效的核心指标之一。以下是几个关键的盈利能力指标。

（1）毛利率。毛利率表示每单位销售收入扣除直接成本后的盈利情况，计算公式为：（销售收入－销售成本）/销售收入×100%。较高的毛利率通常意味着合作社的产品或服务具有较强的竞争优势。对于农业合作社来说，通过提高产量、降低成本或提升产品附加值等方式都可以有效提高毛利率。

（2）净利率。净利率是净利润与销售收入的比例，计算公式为：净利润/销售收入×100%。它综合反映了合作社的成本控制和经营管理水平。较高的净利率表明合作社能够在扣除所有费用后仍保持良好的盈利能力。

（3）资产回报率（ROA）。资产回报率衡量了合作社利用资产创造净利润的效率，计算公式为：净利润/平均总资产×100%。较高的ROA意味着合作社能够更有效地利用其资产来实现收益。这在评估合作社资产配置的有效性和总体经营成果时非常关键。

（4）股东权益回报率（ROE）。股东权益回报率显示了合作社为股东创造的回报水平，计算公式为：净利润/平均股东权益×100%。对于合作社成员来说，较高的ROE意味着他们的投资获得了更好的回报。同时，这也是吸引新成员加入合作社的一个重要因素。

综上所述，通过对偿债能力、营运能力和盈利能力的关键财务比率进行分析，农业专业合作社可以全面了解自身的财务状况，并据此制定相应的改进措施。例如，如果发现流动比率偏低，合作社可能需要加强应收账款管理或寻求新的融资渠道；若存货周转率不高，则应重新审视库存管理策略，加快商品流通速度；当净利率下降时，则需审查成本结构，寻找降低成本的方法。通过持续监测这些比率的变化趋势，合作社可以及时发现问题所在，采取针对性措施，从而不断提升其财务表现和市场竞争力。

三、财务趋势分析

1. 财务趋势分析概述

财务趋势分析是一种通过比较不同时间段的财务数据，来识别和解释企业经营状况变化的方法。对于农业专业合作社而言，这种分析尤为重要，因为农业生产具有明显的季节性和周期性特点,外部环境(如天气、市场价格等)对合作社的影响也较为显著。通过定期进行财务趋势分析,合作社管理层可以更好地理解其业务的发展动态,及时发现潜在问题,并作出相应的战略调整。

(1)重要性与目的。

评估业绩。通过分析收入、成本、利润等关键指标的变化趋势,合作社可以评估其在特定时期的经营表现。例如,如果销售收入持续增长但净利润没有相应增加,可能表明成本控制存在问题。

预测未来。基于历史数据的趋势,合作社能够对未来一段时间内的财务状况做出合理的预测,为制定预算和计划提供依据。这对于应对市场波动、安排生产计划非常有帮助。

风险管理。识别出不利的财务趋势可以帮助合作社提前采取措施,减少风险并优化资源配置。例如,如果发现应收账款周转天数逐渐增加,合作社可以加强信用管理,避免坏账风险。

决策支持。财务趋势分析提供的信息有助于管理层在投资、融资等方面做出更明智的决策。例如,通过分析固定资产的投资回报率,合作社可以决定是否继续扩大规模或更新设备。

(2)常用方法。

时间序列分析。将同一财务指标在多个连续时期的数据进行对比,观察其变化规律。例如,逐年比较销售收入、成本和净利润。

同比与环比分析。同比是将当前期间的数据与上年同期数据进行比较,而环比则是将当前期间的数据与上一期间数据进行比较。这有助于识别短期波动和长期趋势。

比率分析。计算并比较不同时期的关键财务比率,如流动比率、毛利率、净利率等。这些比率提供了对合作社偿债能力、盈利能力的深入洞察。

2. 使用图表展示财务趋势

为了使财务趋势分析的结果更加直观易懂,使用图表是一种非常有效的方式。以下是几种常用的图表类型及其应用。

(1)折线图。适用于显示随时间变化的数据趋势,如销售收入、净利润等。通过折线图可以清晰地看到数据的增长或下降趋势,以及可能存在的波动模式。例如,通过绘制过去五年的销售收入折线图,可以直观地看出合作社的销售增长情况。

(2)柱状图。用于比较不同项目之间的差异,例如,不同季度或年度的营业收入。柱状图可以帮助合作社快速识别出表现最好和最差的时期。例如,通过柱状图展示每个季度的销售收入,可以发现夏季和秋季销售额较高,而冬季较低。

(3)饼图。适用于展示各部分占总体的比例关系,如成本构成中各项费用所占的比重。这有助于合作社了解其支出结构是否合理。例如，通过饼图展示最近一年的成本构成，可以看到人工成本占比最大，其次是化肥和农药。

（4）散点图。当需要研究两个变量之间的相关性时，可以使用散点图。例如，合作社可以绘制农产品价格与销售量的关系图，以判断两者是否存在某种关联。散点图有助于揭示价格变动对销售量的影响。

（5）组合图。有时单一类型的图表无法全面反映所有信息，这时可以考虑使用组合图。例如，在一张图中同时展示销售收入和净利润的变化情况，以便于进行综合分析。组合图可以提供多维度的信息，帮助管理层全面了解合作社的财务状况。

假设一个农业专业合作社想要分析过去五年的财务表现，可以制作以下几类图表：

◆ 一张折线图显示五年间每年的总收入和总支出，从中可以看出合作社的整体盈利情况是否有明显改善；

◆ 一张柱状图对比每个季度的销售收入，以揭示是否存在明显的季节性波动；

◆ 一张饼图展示最新一年的成本构成，包括种子、化肥、人工等各项费用占比，帮助合作社识别主要的成本来源；

◆ 一张散点图探讨农作物产量与施肥量之间的关系，从而为优化种植方案提供参考。

3. 财务趋势分析案例研究

（1）案例背景。

某农业专业合作社主要从事有机蔬菜的种植与销售。近年来，随着消费群体健康意识的提高，市场需求不断增长，但同时也面临着激烈的竞争压力。为了保持竞争优势，合作社决定对其财务数据进行全面的趋势分析，以便更好地把握市场机遇并应对挑战。

（2）分析过程。

收集数据。首先从会计系统中导出过去三年的主要财务报表，包括资产负债表、利润表和现金流量表。确保数据的准确性和完整性是进行有效分析的基础。

选择关键指标。根据合作社的特点，选定了一些重要的财务指标，如销售收入、生产成本、净利润、应收账款周转天数等。这些指标能够全面反映合作社的经营状况和财务健康度。

绘制图表。

◆ 折线图。制作了一张折线图，展示了过去三年每年的销售收入和净利润变化趋势。通过这张图，可以直观地看到合作社在这三年间的整体业绩变化。例如，如果销售收入稳步增长但净利润有所波动，可能表明成本控制存在一些问题。

◆ 柱状图。用柱状图对比每个月的销售收入，发现了明显的季节性特征，即夏季和秋季销售额较高，而冬季较低。这有助于合作社合理安排生产和销售计划，以应对季节性的需求变化。

◆ 饼图。通过饼图分析了最近一年的成本构成，发现人工成本占比最大，其次是化肥和农药。这提示合作社需要关注人工成本的控制，并探索降低其他成本的方法。

◆ 散点图。绘制了一张散点图，探讨农作物产量与施肥量之间的关系。通过这张图，合作社可以判断施肥量对产量的具体影响，从而优化施肥策略，提高产量和效益。

比率分析。

◆ 流动比率和速动比率。计算了流动比率和速动比率，发现虽然整体偿债能力较强，但在某些月份由于集中采购原材料导致流动性有所下降。这提示合作社需要注意现金流管理，特别是在资金需求较大的时期。

◆ 毛利率和净利率。分析了毛利率和净利率，结果显示尽管销售额逐年增加，但由于市场竞争加剧，利润率有轻微下滑的趋势。这表明合作社需要寻找新的增长点，提高产品的附加值，以维持较高的利润率。

趋势解读。

◆ 销售收入。销售收入稳步增长，但增速放缓，表明市场份额趋于饱和，需要寻找新的增长点。合作社可以考虑拓展新的销售渠道或开发新产品。

◆ 成本控制。成本控制方面存在改进空间，特别是人工成本偏高，建议引入更多机械化设备以降低劳动力需求。此外，还可以通过谈判获取更优惠的原料采购价格，进一步降低成本。

◆ 应收账款周转天数。应收账款周转天数略有延长，反映出回款速度变慢，需加强客户信用管理，加快资金回笼。合作社可以建立更严格的信用政策，并与客户协商更短的付款期限。

（3）改进建议。

多元化产品线。除了现有的有机蔬菜外，可以考虑开发一些附加值更高的深加工产品，如腌制食品、果蔬汁等，以吸引更广泛的消费群体。这不仅可以提高产品多样性，还能增强市场竞争力。

提升自动化水平。投资购买先进的农业机械和技术，减少对人工的依赖，在降低成本的同时提高生产效率。例如，引入自动播种机、收割机等，减小劳动强度，提高工作效率。

强化财务管理。建立更加严格的应收账款管理制度，缩短回款周期。同时，优化库存管理，避免过多的资金占用。例如，通过 ERP 系统实时监控库存水平，确保库存既不过剩也不短缺。

市场营销策略。加大品牌宣传力度，利用社交媒体、线上线下结合等方式拓宽销售渠道，增强市场竞争力。可以通过举办农事体验活动、开展线上直播等方式，增加品牌的曝光度和消费者的参与感。

通过上述详细的财务趋势分析及相应建议的实施，该农业专业合作社不仅能够在短期内解决现有问题，还能为长期可持续发展奠定坚实的基础。此外，定期进行此类分析还有助于合作社管理层及时掌握最新的市场动态，灵活调整经营策略，确保合作社始终处于行业领先地位。这种系统的财务管理和趋势分析方法，将为合作社带来更稳健的财务状况和更强的市场竞争力。

项目小结

本项目深入探讨了财务预算与分析在农业专业合作社管理中的重要作用。通过系统学习和案例分析，我们不仅理解了财务预算编制的基本技能，还掌握了财务分析的方法，为合作社的可持续发展提供了坚实的财务管理基础。财务预算是确保合作社稳健经营的关键手段，通过对收入、成本和现金流量的科学预测和计划，合作社能够更好地控制成本、提高资源利用效率，并及时发现潜在风险。财务分析是评估合作社财务状况的重要工具，通过流动比率、速动比率和总资产周转率等财务比率分析，管理层能够全面了解合作社的偿债能力、营运能力和盈利能力。此外，对资产负债表、利润表和现金流量表的解读进一步增强了管理层对合作社财务状况的理解。预算编制是一个系统的过程，包括确定预算目标与策略、数据收集与市场预测、初步草案制定、协商调整流程以及正式批准程序。财务趋势分析通过比较不同时间段的财务数据，揭示了合作社的发展趋势。使用折线图、柱状图、饼图和散点图，合作社可以直观地展示关键财务指标的变化趋势。本项目展示了财务管理在农业专业合作社经营管理中的重要性。通过持续改进和灵活运用各种财务管理工具和技术，农业专业合作社能够在日益复杂多变的市场环境中保持竞争力，实现可持续发展。

习题与实训

扫描二维码答题